Sport - Gymnasiale Oberstufe

Schülerbücher für den nach Sportarten differenzierten Unterricht in der gymnasialen Oberstufe

Herausgegeben von Rolf Geßmann und Helmut Zimmermann
unter Mitwirkung von Helmut Weiß

Hans Voigt / Roland Naul

Volleyball

Cornelsen

Zeichnungen von Karlheinz Grindler

Fotos: Hans Voigt
Einbandgestaltung: Nach Entwürfen von Peter Krolow, Düsseldorf
Satz: Rasch, Bramsche

8. Auflage Druck 8 7 6 5 Jahr 98 97 96 95

Alle Drucke dieser Auflage können im Unterricht nebeneinander verwendet werden.

Druck: Fürst & Sohn, Berlin

ISBN 3-590-54621-2

Bestellnummer 546212

gedruckt auf säurefreiem Papier, umweltschonend
hergestellt aus chlorfrei gebleichten Faserstoffen

Zeichenerklärung

Spieler; schwarze Dreieckspitze gibt Abspielrichtung an

Spieler mit Ball

neue Position, die ein Spieler einnimmt

Spieler mit besonderer taktischer Aufgabe

Hände eines Blockspielers

Weg des Balles

Weg des Spielers

Angriffsschlag

abgeschirmter Raum

Maße und Positionen des Volleyballfeldes siehe S. 63

Inhaltsverzeichnis

Vorbemerkungen zum Volleyballspielen-Lernen

Volleyballspielen mit dem Ziel „Ball in der Luft halten"

1. Oberes Zuspiel

2. Unteres Zuspiel

3. Aufschlag von unten

4. Taktik und Erfolgskontrolle für das Kleinfeld

Vom Kleinfeld zum Normalfeld

Volleyballspielen mit dem Ziel „Ball im gegnerischen Feld auf den Boden spielen“

1. Angriff und Feldabwehr

Vorbemerkungen zum Volleyballspielen-Lernen

Was ist der Spielgedanke des Volleyballspiels, und welche Regeln müssen besonders beachtet werden, um ihm gerecht zu werden?

Der Spielgedanke eines Sportspiels ist grundlegend für den Spielablauf, denn er beschreibt den charakteristischen Rahmen der Spielaktivitäten: Im Sportspiel Volleyball stehen sich zwei Mannschaften gegenüber, die durch ein hohes Netz voneinander getrennt sind; diese versuchen einerseits, den Ball im eigenen Spielfeld so zu spielen, daß er nicht zu Boden fällt, ihn andererseits aber so über das Netz in die andere Spielfeldhälfte hinüberzuspielen, daß er dort möglichst zu Boden gelangt bzw. von der anderen Mannschaft nur fehlerhaft angenommen werden kann. Das Volleyballspiel wird aufgrund dieser Spielmerkmale auch in die Gruppe der „Rückschlagspiele" eingeordnet.

Diese Beschreibung des Spielgedankens ist aber noch unvollständig, da über die Art und die Anzahl der Ballberührungen noch keine Aussage getroffen wurde. Für das Volleyballspiel ist nämlich ganz entscheidend, wie und wie oft der Ball gespielt werden darf: Der Ball darf mit allen Körperteilen oberhalb der Gürtellinie nur kurz berührt werden und ist nach spätestens drei von Spielern einer Mannschaft ausgeführten Ballkontakten über das Netz in die andere Spielfeldhälfte zurückzuspielen. Weiterhin sagt das Regelwerk für das Spielen des Balles:

„Wenn der Ball in den Händen, Armen oder an einem anderen Körperteil oberhalb der Gürtellinie einen Augenblick zur Ruhe kommt, gilt dies als unerlaubtes Halten oder Fangen des Balles. Der Ball darf nur für den Bruchteil einer Sekunde berührt werden. Tragen, Heben, Schieben oder Führen des Balles wird als *Halten* des Balles gewertet. [...] Aufeinanderfolgende Ballberührungen durch Körperteile eines Spielers werden als *Doppelschlag* bezeichnet und gelten als Fehler. [...] Jede Mannschaft darf den Ball höchstens dreimal hintereinander berühren, um ihn ins gegnerische Feld zu spielen. Eine Ausnahme bildet hier die Blockberührung" (Regel 16). Demgegenüber sind Bestimmungen über die Spielfeldgröße, die Spielerzahl pro Mannschaft oder die Rotationsordnung nicht vom Spielgedanken abhängig und können durch Absprache verändert werden, ohne den Spielgedanken zwangsläufig aufzuheben.

Warum sollte das Volleyballspiel in spielnahen Situationen erlernt werden?

Die Erfüllung des Spielgedankens ist im Volleyball stärker als bei den anderen Sportspielen wie Fußball, Handball oder Basketball davon abhängig, inwieweit die Regelanforderungen für die Ballbehandlung (Regel 16) erfüllt werden. Denn selbst mit geringem technischen Fertigkeitsniveau bei der Ballberührung oder beim Weiterspielen des Balles kann der Spieler im Fußball durchaus den Spielgedanken erfüllen. Das Volleyballspiel wird hingegen bei einer Reihe von technischen Fehlleistungen unterbrochen, z. B. wenn der Ball gehalten wird oder zu Boden fällt.

Die von der Regel 16 vorgeschriebene Kürze des Ballkontaktes erschwert das Erlernen der Bewegungen mit dem Ball. Deshalb müssen die sportlichen Bewegungsabläufe – die Techniken des Volleyballspielens – so lange im Vordergrund des Lernens stehen, bis ein Mindestmaß regelgerechter Ballberührungen möglich ist. Doch sollte das Erlernen der Techniken bei Anfängern als auch die Verbesserung der Techniken bei Fortgeschrittenen nicht zu einem zeitintensiven, trainingsmäßigen Üben isolierter Bewegungsabläufe führen. Denn der Reiz des Volleyballspiels, vor allem die Freude am Spielgeschehen, die den Anfänger erst motiviert, dieses Spiel zu erlernen, geht für ihn wie für den Fortgeschrittenen durch eine solche Zergliederung leicht verloren. Außerdem müssen diese Bewegungen ja nicht nur gemäß den Regelanforderungen erlernt werden, sondern der Ball soll im Spiel auch zielgenau zum Mitspieler weitergespielt werden. Aus diesen Gründen

sollten Anfänger in *spielnahen Situationen* die Techniken lernen, um möglichst früh an einem Volleyballspiel teilnehmen zu können. Bei dieser Zielsetzung ist dann ein Lernweg sinnvoll, der von Anfang an Beziehungen zwischen Spielsituationen und deren zweckmäßiger technisch-taktischer Lösung in Übungsformen herstellen will. Das sind Übungsformen mit dem Anspruch an das sog. *individuell-taktische Verhalten.* In diesen Übungsformen werden die einzelnen Techniken oft unter Zeitdruck und mit Richtungsänderungen in der Bewegung oder mit anderen sog. Zusatzaufgaben durchgeführt, die mitunter auch kognitiv gelöst werden sollen (z. B. Mitspieler beobachten).
Beim Erlernen einer Volleyballtechnik ist aber für den Anfänger die Lösung solcher zusätzlichen Aufgaben zunächst eine Überforderung. Deshalb sollte in der ersten Lernphase besonders der motorische Vollzug der einzelnen Fertigkeiten selbst im Mittelpunkt stehen, um die typischen Bewegungsabläufe für eine Technik zu erfahren. Erst danach sollten Übungsformen mit zunehmenden Anforderungen an die Koordination folgen und schrittweise Zusatzaufgaben einbezogen werden, damit schon vor dem Kennenlernen volleyballspezifischer Wettkampfsituationen spielnahes Verhalten vorbereitet wird. Vor allem solche Übungsformen wurden für dieses Buch ausgewählt.

Warum erfordert das spielnahe Erlernen des Volleyballspiels eine zeitweilige Veränderung des Spielgedankens und des Regelwerks?

Soll der Anfänger spielnah in das Volleyballspiel eingeführt werden bzw. der fortgeschrittene Spieler neue Techniken zusammen mit ihrem spielnahen individuell-taktischen Einsatz erlernen, dann müssen der Spielgedanke und das Regelwerk gelegentlich verändert werden. Denn gerade für den Anfänger behindern die sehr differenzierten Regeln für das Weiterspielen des Balles das Erlernen der Volleyballtechniken, weil z. B. ein intensives Üben (mehrmals den Ball hintereinander spielen) und eine schrittweise Ballgewöhnung (Führen oder Halten des Balles) regelwidrig sind und als technische Fehler gewertet werden. Aber auch der Spielgedanke selbst, nämlich den Ball im gegnerischen Feld möglichst auf den Boden spielen, verführt leicht dazu, daß die zum Teil komplizierten Bewegungsabläufe nicht richtig ausgeführt werden, weil der ungenau gespielte Ball irgendwie noch erreicht werden soll. Der Spielgedanke rückt also das Erlernen solcher Volleyballtechniken nicht unbedingt in den Mittelpunkt, mit denen der Ball so zugespielt werden soll, daß er „in der Luft bleibt", d. h. möglichst lange weitergespielt werden kann, nicht zu Boden fällt und zielgenau zu einem Mitspieler gelangt (z. B. Pritschen, Baggern). Deshalb sollte vor allem für den Anfänger beim Erlernen der grundlegenden Techniken, aber auch für den Fortgeschrittenen bei der Verbesserung oder Erweiterung dieser Techniken (z. B. mit Varianten wie das Pritschen über den Kopf nach hinten oder beim einarmigen Bagger mit Ausfallschritt) der Spielgedanke verändert werden: Der Ball soll nicht nur *dem Mitspieler im eigenen Feld möglichst genau zugespielt werden*, sondern auch *dem Mitspieler im anderen Feld,* so daß der Ball nicht auf den Boden fällt und möglichst genau wieder zurückgespielt werden kann.

Dieser veränderte Spielgedanke, den „Ball in der Luft halten", entspricht genau der Zielsetzung, die mit der Anwendung der Techniken des oberen und unteren Zuspiels und mit dem Aufschlag von unten als Eröffnung eines Ballwechsels erreicht werden soll. Mit dem veränderten Spielgedanken sind diese Techniken leichter und schneller zu erlernen, weil jeder Spieler für ein genaues Zuspiel mehr Zeit gewinnt und weniger Schwierigkeiten hat, den Bewegungsablauf richtig auszuführen. Damit ist eine defensive Taktik verbunden, die gerade dem Anfänger eine geringere Fehlerzahl und schon ein dynamisches Bewegungsspiel durch häufigere Ballaktionen erlaubt. Denn wenn der Ball möglichst lange „in der Luft" gehalten wird, werden längerdauernde Spielzüge möglich und können die Techniken öfter in Spielsituationen angewendet werden. Das Volleyballspiel erscheint so schon frühzeitig als Rückschlagspiel.

Außerdem fördert der veränderte Spielgedanke die für das Volleyballspiel so wichtige Kooperation zwischen den Spielern. Es werden vor allem das individuell-taktische und das mannschaftstaktische Verhalten gut vorbereitet, so daß rasch und problemlos vom Kleinfeld zum Normalfeld übergewechselt werden kann. Denn die Hauptschwierigkeiten bei diesem Wechsel liegen darin, daß keine Spielzüge von längerer Dauer zwischen den Mannschaften entstehen und der Ball trotz eines beabsichtigten guten Zuspiels zwischen den Spielern auf den Boden fällt. Deshalb sollte auch mit dem „normalen" Spielgedanken, nämlich den Ball bewußt dem Partner im anderen Feld ungenau zuspielen, so daß der Ball dort möglichst auf den Boden fällt, erst dann begonnen werden, wenn zuvor auf dem Kleinfeld schon zahlreiche Ballwechsel ohne Unterbrechung gespielt werden können.

Die dem Spielgedanken „Ball in der Luft halten" verpflichteten Techniken werden zuerst vorgestellt (S. 12–62). Der nachfolgende Abschnitt (S. 63–65) behandelt den Übergang vom Kleinfeldspiel mit dem Ziel „Ball in der Luft halten" zum Volleyballspiel auf dem Normalfeld mit dem Ziel „Ball im gegnerischen Feld auf den Boden spielen". Die Techniken für den Angriff (Schmettern, Fintieren, Aufschlag von oben) und für die Abwehr (Abwehrbagger, Block) sind typisch für den „normalen" Spielgedanken und werden im Anschluß behandelt (S. 66–97). Informationen und Hinweise über physische und psychische Leistungskomponenten und für die Leitung und Organisation von Volleyballspielen enthält der Schlußteil des Buches (S. 98–110). Regelkunde und Ausführungen zur Taktik sind durchgehend in den einzelnen Kapiteln enthalten.

Was bedeutet Spielfähigkeit im Volleyball?

Wenn zum Erlernen des Volleyballspiels Änderungen des Regelwerks und des Spielgedankens sinnvoll sind, dann bedeutet dies keine Abkehr von einem spielnahen Lernweg, im Gegenteil: Wenn z. B. ein Spieler in Übungsformen zunächst den Volleyball mehrmals zwischenspielen oder der Ball am Anfang auch auf den Boden prellen darf, bevor er regelgerecht weitergespielt wird, dann gewinnt der Spieler dadurch die notwendige Zeit, um frühzeitig auch individuell-taktische Aufgaben lösen zu können. Erst die Berücksichtigung solcher zusätzlicher Anforderungen beim Erlernen der Techniken kann spielnahes Verhalten vorbereiten und zu einer Spielfähigkeit führen. Spielfähigkeit im Volleyball umfaßt nämlich mehrere Anforderungen:

- die jeweiligen Spielsituationen schnell und genau einschätzen und sich sofort für die Anwendung einer entsprechenden Technik entscheiden können
- die Spielsituation mit dem regelgerechten Weiterspielen des Balles lösen und danach beurteilen können, ob der gespielte Ball der eigenen Zielsetzung und/oder den Erwartungen der Mitspieler entspricht.

Eine solche Spielfähigkeit kann im Spiel „Ball in der Luft halten" auch für den Anfänger schon erreicht werden, wenn jede Mannschaft die drei möglichen Ballkontakte ausnutzt und auf kleinen Spielfeldern in Zweier- oder Dreier-Gruppen gespielt wird.

Mit welchen Zielen kann das Volleyballspiel mit dem Spielgedanken „Ball in der Luft halten" weiterhin erstrebenswert sein?

Das Volleyballspiel mit dem Ziel, den Ball möglichst „lange in der Luft halten", gewinnt seinen Sinn nicht nur als methodischer Schritt, um Spielfähigkeit und ein dynamisches Volleyballspiel (Rückschlagspiel) zu erreichen. Vielmehr kann es als eigene Spielform vor allem in Freizeitbereichen sehr sinnvoll sein. Überall dort, wo Kinder, Jugendliche, Erwachsene und ältere Menschen aufeinandertreffen, wo also sehr unterschiedliche körperliche und motorische Voraussetzungen gegeben sind, ist mit dem veränderten Spielgedanken leichter ein gemeinsames Spiel zu gestalten. Diese Art des Volleyballspielens kann auch für vielfältige sozialerzieherische Anliegen eine sinnvolle Spielform sein. Aber auch fortgeschrittene Spieler, die außerhalb des Unterrichts schon selbst zu einem Volleyballspiel anleiten möchten und das Spiel von Anfängern organisieren wollen, können dies mit dem Spielziel „Ball in der Luft halten“ leichter verwirklichen.

Was muß man für das Erlernen und Verbessern der Volleyballtechniken wissen?

Das Volleyballspiel und insbesondere die Volleyballtechniken können auf verschiedensten Lehrwegen und mit unterschiedlichen Hilfsmitteln erlernt werden. Man muß aber als Lernender immer wissen, wie der Bewegungsablauf für eine Technik abläuft. Hierzu muß man Hinweise erhalten, wie eine bestimmte Technik ausgeführt wird und wie gut man den Bewegungsablauf schon selbst beherrscht.

Dieses Buch will eine Vorstellung vom Bewegungsablauf einer Volleyballtechnik dadurch vermitteln, daß der Spieler vor allem lernt, welche Gliedmaßen ihre Positionen verändern, um den Bewegungsablauf auszuführen, und wie der Krafteinsatz für diese Ausführung dosiert werden muß. Dadurch werden Kenntnisse erworben, die dem Spieler die Bewegungsabläufe bewußt werden lassen und sich positiv auf das Lernen auswirken. Gerade für den Schüler der Sekundarstufe II sollte beim Volleyballspielen-Lernen stets ein Schwerpunkt auf das Wissen um die einzelnen Bewegungsabläufe gelegt werden.

Bei der Behandlung des oberen Zuspiels im nächsten Kapitel wird ausführlich dargelegt, welche Hinweise für das Erlernen und Verbessern der Volleyballtechniken sinnvoll sind und wie man dafür die komplexen Bewegungsabläufe erfassen und strukturieren kann. Mit den einzelnen Analyseschritten (Lehrbildreihen, räumlich-zeitliche Strukturanalyse, dynamisch-eigenmotorische Beschreibung) sollen das Erlernen und Verbessern der Volleyballtechniken erleichtert und dabei die praktische und theoretische Erarbeitung miteinander verbunden werden. Bei der Vorstellung der anderen Volleyballtechniken werden dann diese Hinweise kürzer gefaßt und jeweils eine Übersichtsgrafik geboten, die die einzelnen Analyseschritte in Kurzform festhält.

Die Anwendung der Volleyballtechniken ist von den Bedingungen der jeweiligen Situation abhängig. Sehr oft ist ein kurzer Laufweg oder eine andere Bewegung zum anfliegenden Ball hin nötig, bevor der Ball weitergespielt werden kann. Deshalb sind nach dem Kennenlernen der Bewegungsmerkmale solche Übungsformen zu empfehlen, die schon motorische Aktionen vor der Ballberührung verlangen, aber noch eine entsprechende Vorbereitungszeit für das sichere Anwenden der technischen Elemente ermöglichen. Das kann mit Hilfe eines leichteren Balles erreicht werden, der wegen seines geringeren Gewichtes langsamer fliegt als ein Volleyball. Doch können solche Bälle beim Abspiel nicht immer genau in die gewollte Richtung gespielt werden, und für den annehmenden Spieler ist ihre Flugkurve weniger leicht vorauszuberechnen, da diese Bälle „trudeln“. Diese Nachteile sind zu vermeiden, wenn man mit einem „normalen“ Volleyball übt (Voraussetzung ist genügend entwickelte Festigkeit der Finger und Handgelenke) und vor dem Weiterspielen des Balles Zeit gewinnt. Das erreicht man z. B. dadurch, daß man den Weg des anfliegenden Balles vor dem Weiterspielen durch Zwischenprellen verlängert oder ein Zwischenspielen erlaubt. So kann in allen Übungsformen gleichzeitig die individuelle Taktik geschult und die Qualität des Bewegungsablaufes verbessert werden.

Volleyballspielen mit dem Ziel „Ball in der Luft halten“

1. Oberes Zuspiel

Wie kann der Bewegungsablauf des oberen Zuspiels aufgegliedert und beschrieben werden, so daß man eine möglichst genaue Bewegungsvorstellung erhält?

Für das Erlernen und Ausführen einer Volleyballtechnik ist die Kenntnis ihres komplexen Bewegungsablaufes eine wichtige Voraussetzung. Eine Darstellung des Bewegungsablaufes des oberen Zuspiels, des sogenannten Pritschens, in Form einer *Lehrbildreihe* ermöglicht z. B. das *Kinegramm.* Kinegramme zeigen die Idealform für die Ausführung einer Technik. Ohne einen störenden Vorder- oder Hintergrund geben sie allein den räumlichen und zeitlichen Ablauf der verschiedenen Bewegungen wieder, die für die Ausführung der komplexen Volleyballtechniken notwendig sind. So wird z. B. bei der Technik des oberen Zuspiels die zeitliche Folge der einzelnen Bewegungsänderungen durch räumliche Veränderungen des Bewegungsapparates in den acht Bildern der Abb. 1 deutlich: Es sind dies die Lage der Körperlängsachse, zeitgleiche Winkelstellungen der Arme und Beine und ihre Änderungen, die für das Weiterspielen des Balles notwendige Teilbewegungen darstellen.

Zweifellos ist es möglich, das obere Zuspiel allein durch das Nachmachen des im Kinegramm dargestellten Bewegungsablaufes oder/und durch die Beschreibung dieser Bewegung zu erlernen. Wenn dieser Lernvorgang jedoch erleichtert und verbessert werden soll, dann ist es empfehlenswert, für diesen komplexen Bewegungsablauf Merkmale hervorzuheben, die für das regelgerechte und zielgenaue Weiterspielen des Balles besonders wichtig sind. Wir nennen solche Merkmale *Hauptmerkmale für den Bewegungsablauf.*

Solche Hauptmerkmale werden nicht aufgrund biomechanischer Untersuchungen bestimmt, auch nicht mit Hilfe z. B. der größten Winkeländerungen in Gelenken oder durch die größte Geschwindigkeit einer Teilbewegung. Vielmehr wird die Bewegungsänderung immer in Abhängigkeit von der spezifischen Verwendungssituation, also immer in Abhängigkeit davon, wie wichtig sie für das Weiterspielen des Balles ist, untersucht.

Die im Rahmen der Untersuchung des gesamten Bewegungsablaufes gewonnenen Hauptmerkmale wählen wir als Grundbausteine für das methodische Vorgehen beim Erlernen einer Volleyballtechnik. Bei diesem Vorgehen wird der Anfänger beim Erlernen der motorisch schwierigen Volleyballtechniken schon zu Beginn auf sportartspezifische Teilbewegungen aufmerksam gemacht, die er besonders beachten muß; der Fort-

(1) das obere Zuspiel als Kinegramm

geschrittene, der eine Technik schon in ihrer Grobform beherrscht, kann seinen Bewegungsablauf analysieren, prüfen lassen und ggf. selbst korrigieren.
Für den Anfänger und den Fortgeschrittenen können diese Zielsetzungen gleichermaßen verwirklicht werden, wenn der in einer Lehrbildreihe (Kinegramm) dargestellte Bewegungsablauf für die Technik durch eine sogenannte *räumlich-zeitliche Strukturanalyse* objektiviert wird. Die Strukturanalyse für eine Volleyballtechnik systematisiert die in den Lehrbildern dargestellten Bewegungsänderungen. Sie stellt darüber hinaus dar, welche zeitgleichen Bewegungsänderungen der einzelnen Gelenke auftreten. Für die Analyse der räumlich-zeitlichen Struktur einer Volleyballtechnik wird stets derjenige Abschnitt der Bewegung eines Körpergliedes um das zugehörige, näher zur Körpermitte gelegene Gelenk genannt, der entweder durch Stillstand oder durch Änderung der Richtung der Gelenkachsen begrenzt ist. Zur Verdeutlichung dieses Vorgehens ein Beispiel aus der Analyse des Pritschens: die Bewegungen der Hand werden in bezug auf den Unterarm (Handgelenk) und Bewegungen des Unterarms in bezug auf den Oberarm (Ellenbogengelenk) analysiert. Damit wird eine Objektivierung des Bewegungsablaufes möglich, die unabhängig von den eigenen Bewegungserfahrungen den Bewegungsablauf für eine Technik aus den Lehrbildern (Kinegrammen) systematisch erfaßt. Die Abb. 2 gibt das Ergebnis einer solchen Strukturanalyse für das obere Zuspiel wieder. Ihr ist zu entnehmen, welche speziellen Bewegungsänderungen zwischen den einzelnen acht Bildern des Kinegramms der Abb. 1 stattfinden, wie diese zusammenwirken und zu der Gesamtbewegung des oberen Zuspiels beitragen.

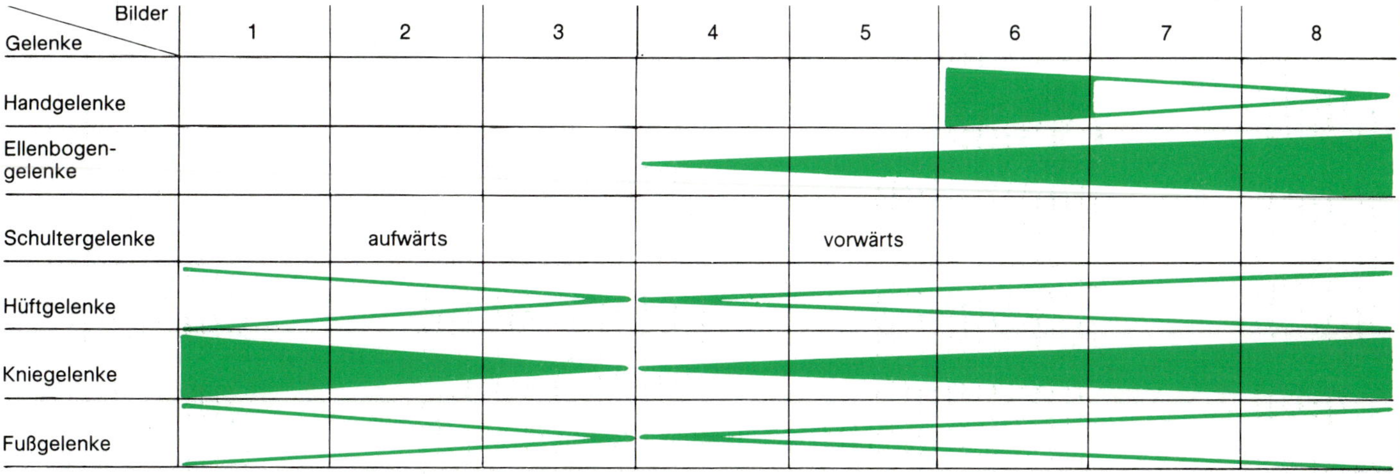

(2) räumlich-zeitliche Analyse des oberen Zuspiels

> = Beugen des Gelenks; z. B. Kniegelenke in den Bildern 1–3 der Abb. 1

< = Strecken des Gelenks; z. B. Kniegelenke in den Bildern 4–8 der Abb. 1

▶ / ▬ = Hauptmerkmale der Bewegung

Mit Hilfe dieser Analyse können nun *Hauptmerkmale* für den Bewegungsablauf beim oberen Zuspiel hervorgehoben werden *(= grüne Füllung der Pfeile bzw. Felder)*:

a) Beine beugen, gleichzeitig Arme und Beine strecken

b) Ball aus schüsselförmiger Haltung der Hände weiterspielen.

Nicht alle in der Strukturanalyse dargestellten räumlich-zeitlichen Änderungen sind demnach Hauptmerkmale für die Ausführung des Bewegungsablaufes gemäß den regeltechnischen und spieltaktischen Anforderungen, sondern nur die für das Weiterspielen des Balles unbedingt motorisch vorauszusetzenden Merkmale. So können auch bestimmte Stellungen der Gelenke während der Bewegungsausführung entscheidend sein, wie z. B. die Haltung der Hände beim oberen Zuspiel.

Fortgeschrittene können nun in Anlehnung an solche räumlich-zeitlichen Strukturanalysen den Bewegungsablauf für eine Volleyballtechnik z. B. bei einem Mitschüler prüfen und feststellen, inwieweit sein bisheriger Könnensstand dem objektivierten Bewegungsablauf nahe kommt bzw. welche großräumigen Bewegungen noch fehlerhaft sind. Die Strukturanalysen für Volleyballtechniken eignen sich aber auch für vergleichende Betrachtungen mit Bewegungsabläufen anderer Sportarten, etwa auch im Rahmen des Leistungsfaches Sport.

Wie kann die Bewegungsvorstellung vom oberen Zuspiel durch eine dynamisch-eigenmotorische Beschreibung des Bewegungsablaufs ergänzt und vertieft werden?

Mit den Lehrbildern für eine Volleyballtechnik und der räumlich-zeitlichen Strukturanalyse erhält der Lernende noch keine Hinweise, wie er diese räumlich-zeitlichen Veränderungen seiner Gliedmaßen möglichst genau nach dem Vorbild

Körperteile \ Bilder	1	2	3	4	5	6	7	8
Hände	gleichzeitig mit der Bewegung von Hüfte/Beinen/Füßen (s. u.) hebe ich die angewinkelten Ellenbogen leicht an und drehe mit gestreckten Handgelenken und etwas gespreizten Fingern die Handflächen zueinander (die Hände befinden sich spielbereit vor dem Kopf)			meine Hände haben zum Ball hin jetzt eine schüsselartige Form, die ich nach oben-vorne gegen den Ball strecke		den Ball treffe ich mit den Fingergliedern oberhalb und vor der Stirn und „drücke" ihn aus den schüsselartig geformten Händen in Richtung meiner Körperstreckung	(die Fingerlängsachsen zeigen in Flugrichtung)	
Arme							und ich strecke Arme und Beine in Richtung des abgespielten Balles	
Schultern								
Hüfte	bei leichter Körpervorlage gehe ich mit Schritt-Grätsch-Stellung der Füße hinter und unter dem Ball in eine tiefe Kniebeuge			gleichzeitig strecke ich den ganzen Körper unterstützend nach oben-vorne gegen die Richtung des anfliegenden Balles				
Beine								
Füße								

(3) dynamisch-eigenmotorische Beschreibung des oberen Zuspiels

der Lehrbilder miteinander koppeln soll und welche Intensität der Muskelkräfte dafür jeweils erforderlich ist. Um nun auch selbst die Bewegung des oberen Zuspiels ausführen zu können, muß der Spieler die in der Strukturanalyse objektivierten Bewegungsänderungen auf seine eigene Person beziehen, d. h. er muß diese für seine Bewegungsausführung des oberen Zuspiels individualisieren und miteinander koppeln.
Die dazu notwendige Verbalisierung, welche die einzelnen Teilbewegungen einer Technik miteinander verbindet, bezeichnet man als *dynamisch-eigenmotorische Beschreibung.* Sie ist die Koppelung der einzelnen Teilbewegungen eines Bewegungsablaufes, die jeweils stellvertretend aus der Sicht des Lernenden in Ich-Form formuliert wird. Wie die Lehrbilder für eine Volleyballtechnik deren Ausführung optisch in einer Idealform wiedergeben, so ist auch die verbalisierte dynamisch-eigenmotorische Beschreibung für die Ausführung des oberen Zuspiels nur eine Idealform. Eine solche Beschreibung wird durch die Verbalisierung der Lehrbildreihe (Abb. 1) und der Strukturanalyse (Abb. 2) gewonnen:

– schon beim Beobachten des Balles sind meine Hände und Füße spiel- und bewegungsbereit
– wenn ich den Ball spielen will, gehe ich bei leichter Körpervorlage in eine tiefe Kniebeuge, hebe dabei die Ellenbogen leicht an und drehe sie ein wenig seitwärts
– meine Hände haben jetzt zum Ball hin die Form einer Schüssel
– dann strecke ich gleichzeitig Beine und Arme nach oben-vorne gegen den Ball, treffe ihn oberhalb und vor der Stirn und „drücke“ ihn schnell aus den schüsselförmig gewölbten Händen in Richtung meiner Körperstreckung
– nach der Ballberührung entspanne ich die Handgelenke (Fingerlängsachsen in Flugrichtung) und strecke Beine und Arme in Richtung des abgespielten Balles.

Für den Anfänger, der noch keine Bewegungserfahrungen mit einer Volleyballtechnik gesammelt hat, oder für den Fortgeschrittenen, der eine neue Technik hinzulernen möchte, sind solche Vorübungen zu empfehlen, die die beschriebene Koppelung der Teilbewegungen auch selbst erfahrbar machen. Für den Fortgeschrittenen, der eine Volleyballtechnik in ihrer Grobform schon beherrscht, sind solche Vorübungen nicht erforderlich. Sie sind jedoch auch für ihn sinnvoll und hilfreich, wenn Schwächen in der Koppelung von Teilbewegungen oder eine fehlerhafte Dosierung der Muskelkräfte zu erkennen sind.

Nun findet ein Spieler aber im Verlauf von Übungsformen oder im Spiel nicht die Zeit, vor der Ausführung einer Volleyballtechnik ihre dynamisch-eigenmotorische Beschreibung durchzuführen. Darum sollte für das Erlernen einer neuen Technik im Unterricht eine Möglichkeit gefunden werden, diese Beschreibung zu vereinfachen. Dafür bieten sich bestimmte Abkürzungen an, die als *Stichworte* für die auszuführenden Teilbewegungen dienen können. Eine solche Vereinfachung der dynamisch-eigenmotorischen Beschreibung des Pritschens mit Stichworten ist in der grafischen Gesamtdarstellung [S. 16 (4)], im Mittelteil enthalten. Bei den anderen Übersichtsgrafiken dieser Art, die in diesem Buch für alle behandelten technischen Fertigkeiten geboten werden, erscheint dann an dieser Stelle jeweils eine wesentlich ausführlichere Form der dynamisch-eigenmotorischen Beschreibung (wie schon in Abb. 3 vorgestellt). Die Stichwortfassung sollte man jeweils selbst formulieren.

Es wurden drei sich jeweils ergänzende Schritte aufgezeigt, die – theoretisch und praktisch erarbeitet – zu einer umfassenden Bewegungsvorstellung vom Ablauf des Pritschens führen sollten, um so die Ausführung selbst leichter erlernen und verbessern zu können:
1. eine Lehrbildreihe als Kinegramm (1)
2. eine räumlich-zeitliche Strukturanalyse (2)
3. eine dynamisch-eigenmotorische Beschreibung (3).
Abschließend soll noch einmal in Abb. 4 dargestellt werden,

(4)

Lernhilfen zum oberen Zuspiel

	1–3	4–5	6	7–8
Hände	Hände spielbereit vor die Stirn bringen	schüsselartig geformte Hände gegen den Ball strecken	Ball wegschnellen	Flugrichtung des Balles folgen
Arme				
Schultern				
Hüfte	hinter und unter den Ball gehen	vorwärts – aufwärts gegen den Ball strecken		
Beine				
Füße				

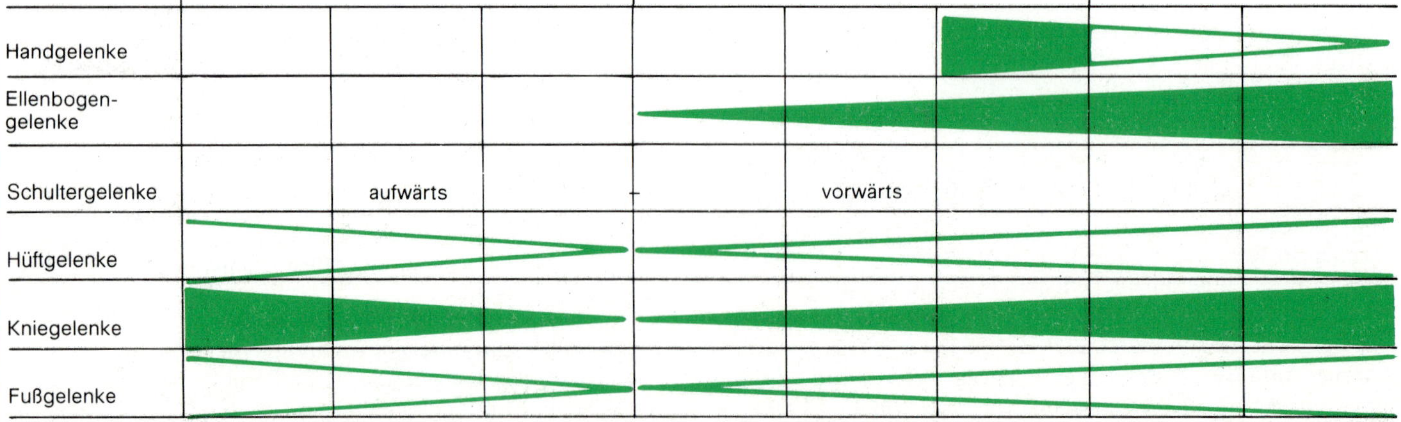

wie diese drei Schritte zur Verdeutlichung des Bewegungsablaufes des Pritschens zusammengefaßt und einander zugeordnet werden können. Eine solche graphische Übersicht soll die Hinweise für das Erlernen der Bewegungsvorstellung und Bewegungsausführung bereitstellen. Deshalb wird im folgenden bei der Beschreibung aller weiteren Techniken für das Volleyballspiel eine solche Übersicht jeweils vorangestellt.

Was sollte bei der Auswahl von Übungsformen für das obere Zuspiel beachtet werden?

Die Hauptmerkmale im Bewegungsablauf – das zeitgleiche Beugen und Strecken der Arme und Beine sowie die schüsselförmige Haltung der Hände beim Weiterspielen des Balles – sollten beim Üben im Vordergrund stehen. Die ersten Lernschritte berücksichtigen deshalb die Übung dieser Hauptmerkmale und führen zur Grobform des Pritschens.

Die Grobform kann nach veränderten Regeln erlernt werden, d. h. der Ball sollte auch aufgefangen und mehrmals hintereinander gespielt werden dürfen, um so die Bewegungsausführung öfter wiederholen zu können. Damit wird eine selbst zu kontrollierende Bewegungsausführung erreicht. Eine solche kurzzeitig vorgeschaltete Einzelarbeit hat nämlich den Vorteil, ohne den Einfluß von Fehlern und Ungenauigkeiten der Mitspieler die Hauptmerkmale im Bewegungsablauf ungestört üben zu können. Diese Einzelarbeit sollte jedoch spielnah erweitert werden, um charakteristische Besonderheiten des Volleyballspiels einzubeziehen: Da Richtung und Geschwindigkeit des Balles nicht durch eine länger dauernde Berührung erreicht werden dürfen (Halten des Balles), müssen in der Einzelarbeit schon vor der Ballberührung die Abspielrichtung und die erforderliche Ballgeschwindigkeit durch entsprechende Körperaktionen vorbereitet werden.

Die in Abb. 5 dargestellte Übung eignet sich besonders zur Ballgewöhnung und zum Erlernen eines Hauptmerkmals des Pritschens, nämlich des zeitgleichen Streckens der Arme und der Beine:

– der Ball wird in leichter Hocke mit locker gestreckten und gespreizten Fingern in der Art vom Boden aufgehoben, daß von oben eine möglichst große Ballfläche durch die schüsselförmig gewölbten Hände abgedeckt wird (5 a)

– dann bringen die Hände den Ball so bis oberhalb der Stirn nach vorn, daß die Daumen zu den Augen zeigen und der Ball von unten-hinten in den schüsselförmig gewölbten Händen gehalten wird (5 b)

– mit den Beinen und Armen wird der Ball gleichzeitig aufwärts-vorwärts einer Wandmarkierung (individuelle Reichhöhe) entgegengestreckt (5 c).

a b c

(5) Erlernen der motorischen Grobform des oberen Zuspiels

Die Gewöhnung an den Ball mit der Richtungsbeschleunigung durch das zeitgleiche Strecken der Beine und Arme sollte mit einer frühzeitigen Orientierung am fliegenden Ball verbunden werden. Dazu eignet sich folgende *Übung* mit entsprechenden Variationen:

Für das „Wegdrücken“ des Balles aus den schüsselförmig gewölbten Händen orientiert sich der Spieler schrittweise an

einer immer höher ansteigenden Wandmarkierung als Zielpunkt. Nach dem „Wegdrücken“ geht der Spieler dann in einer tiefen Hocke einige Schritte rückwärts. Dabei berücksichtigt er die Flugkurve des von der Wand zurückkommenden und einmal zwischenprellenden Balles und fängt anschließend in einer Streckung aus der tiefen Spielstellung (vgl. Abb. 1, Bild 3) aufwärts-vorwärts den Ball in den schüsselförmig gehaltenen Händen wieder auf. Varianten: ohne Auffangen fortlaufend spielen; ohne Zwischenprellen spielen.
Mit Hilfe der Wand werden Bälle so zurückgespielt, wie sie hingespielt wurden (Einfallwinkel = Ausfallwinkel). Auf diese Weise kann der Spieler Fehlerquellen in seinem Zuspiel leicht erkennen und bald vermeiden. Doch fehlt in den Übungen mit der Wand noch eine Orientierung im Raum. Deshalb geht man möglichst schnell dazu über, den Ball mit Zwischenprellen vorwärts zu spielen, wobei man sich auf Linien oder innerhalb markierter Gassen bewegt. Dabei wird die Flugbahn des Balles beobachtet und besonders darauf geachtet, ob die Unterarme nach dem Abspielen aufwärts gestreckt in Flugrichtung zeigen.

Übungsformen

1 Ball kräftig nach oben-vorne spielen, nach dem Zwischenprellen Spielstellung unter und hinter dem Ball einnehmen und den Ball nach oben-vorne weiterspielen; Varianten: dabei in markierte Räume spielen, z. B. von der Position I auf Position III, innerhalb langer schmaler Gassen vorwärts bewegen, Weiterspielen nach der Drehung um die eigene Achse; mit niedrigem Zwischenspiel spielen
2 oberes Zuspiel gegen die Wand mit und ohne Zwischenprellen
3 mit Seitwärtsbewegung und Zwischenprellen an der Wand entlang spielen
4 nach dem Auftippen/Zwischenprellen pritschen auf Zielmarkierungen (z. B. Hallendecke)
5 nach jedem Weiterspiel Zusatzaufgabe ausführen (Dreh- und Hocksprünge, Hinsetzen, Bauchlage einnehmen u. a.)
6 den hoch und kurz über ein hohes Netz/Leine gespielten Ball nach Zwischenprellen sich selbst wieder zurückspielen.

Wie können die im Augenblick der Ballberührung notwendige Handhaltung und Handbewegung erlernt werden?

Im Gegensatz zu Nicht-Rückschlagspielen, wie z. B. Fußball, besteht im Volleyball nicht die Möglichkeit, den Ball zuerst unter Kontrolle zu bringen, einen neuen Anspielpunkt zu suchen und ihn dann zielgenau weiterzuspielen. Vielmehr muß jeder Spieler bereits vor seiner Ballberührung die Abspielrichtung und Geschwindigkeit festlegen, wenn das Abspiel zielgenau zu einem Mitspieler kommen soll. Um den Ball zielgenau spielen zu können, wird zunächst eine möglichst große Ballfläche mit den Fingern und teilweise der Handfläche umschlossen. Dazu bringt man bei gespreizten und locker gestreckten Fingern die Hände in eine schüsselartige Form, die den Ball von unten-hinten und an den Seiten umschließt (6). Diese „Schüssel“ streckt der Spieler dem Ball entgegen und „drückt“ ihn mit Hilfe der Gesamtkörperstrekkung in die Abspielrichtung.

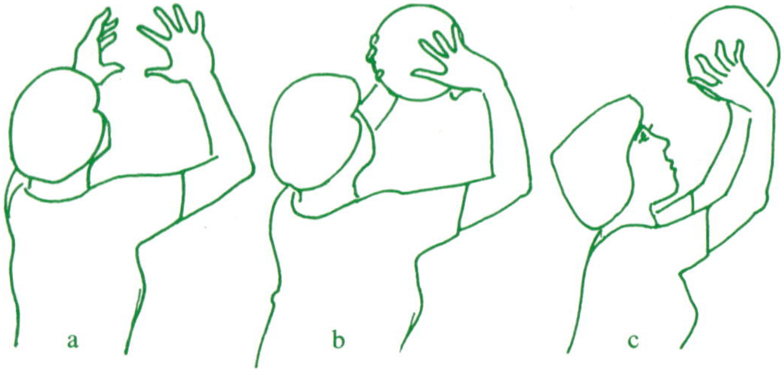

(6) Hauptmerkmal Hand- und Fingerhaltung

Übungsformen

7 Ball aus den schüsselartig geformten Händen ein wenig nach oben „wegdrücken" und über dem Kopf in der Luft mehrfach hintereinander pritschen (Hohlkreuz vermeiden); Variante: dabei um die eigene Achse drehen

8 Ball kräftig auftippen, hochspielen und zur Kontrolle der Hand- und Fingerstellung während der Körperstreckung gegen den Ball diesen auffangen

9 ein wenig hochspielen und dabei vorwärts gehen (aber immer im Stand pritschen)

10 im Grätschsitz hochspielen

Wenn zum Erlernen der Hand- und Fingerarbeit und zur spielnahen Ballgewöhnung die schüsselförmige Handhaltung empfohlen wird, dann ist nicht auszuschließen, daß der Anfänger den Ball auch mit der gesamten Handfläche „weggedrückt" und dadurch regelwidrig den Ball führt oder hält (Regel 16). Um solchen Fehlern vorzubeugen, muß die Zeit für die Ballberührung verringert werden. Das kann erreicht werden, wenn auch die Berührungsfläche verkleinert wird, und zwar so, daß der Ball nur noch mit den Fingern gespielt wird (7). Die Hand- und Fingerarbeit kann dann als technisch ausreichend angesehen werden, wenn beim Weiterspielen des Balles der Abstand zwischen den Handflächen so groß bleibt, daß sich die Daumen nicht berühren (6b). Berühren sich die Daumen, dann ist die schüsselförmige Hand- und Fingerfläche zu klein, um den Ball genau weiterzuspielen; überlappen sich die Daumen sogar, so wird die Trefffläche uneben und die Hände berühren den Ball evtl. sogar nacheinander. Das wird dann als technischer Fehler (Doppelschlag) geahndet. Bei der Berührung (6b/c) darf der Ball nicht sichtbar zur Ruhe kommen („Gehalten"), und er darf nicht durch Nachklappen der Handgelenke gespielt werden, weil dann die Gefahr des „Führens" auftritt.

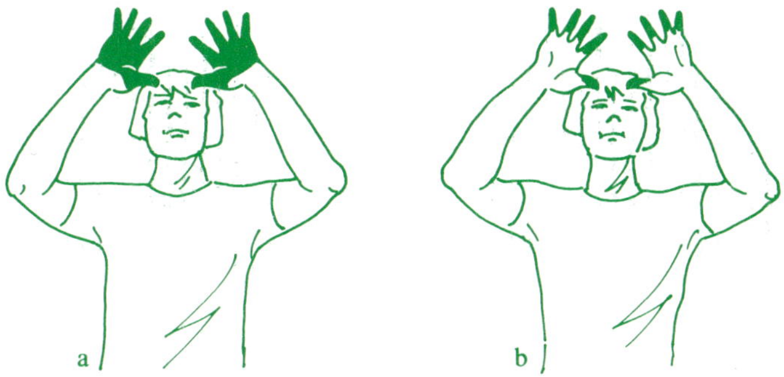

(7) Verkleinerung der Berührungsfläche

Um die Hand- und Fingerhaltung intensiv zu üben, sollte man häufig die Bälle nach einem Zwischenprellen weiterspielen, da man sich so besser auf die Flugbahn des Balles einstellen kann und der Ball dann eine verringerte Fluggeschwindigkeit hat.

Allein mit der bewegungsmäßig richtigen Ausführung wird die Beherrschung des oberen Zuspiels jedoch noch nicht erreicht. Eine gefühlvolle Hand- und Fingerarbeit, die den Geschwindigkeits- und Richtungsimpuls genau auf den Ball überträgt, ist sehr wichtig, damit der Ball auch über verschiedene Entfernungen gepritscht werden kann. Bei der Kontrolle der Hand- und Fingerarbeit wird stets folgendes beachtet:

- beim Anflug des Balles zeigen die Unterarme mit nahezu parallelen Innenseiten nach oben
- die Hände bilden eine etwa ballbreite „Schüssel" oberhalb und vor der Stirn
- die Daumen zeigen in Augenrichtung
- der Ball kann durch die fast parallel zueinander zeigenden Handflächen beobachtet werden
- je höher der anfliegende Ball oder/und je größer die zu überwindende Entfernung ist, desto stärker muß man den Körper aus einer tiefen schwungholenden Kniebeuge gegen den Ball strecken.

Worauf muß man neben der Hand- und Fingerarbeit beim Pritschen stets achten?

Wenn nach den Übungsformen zur Hand- und Fingerarbeit (7–10) der gesamte Bewegungsablauf des Pritschens geübt werden soll, dann muß der Spieler besonders auf die richtige *Körperhaltung* beim Pritschen achten. Dabei muß er
- beide Arme gegen den „herabfallenden" Ball gleichzeitig strecken
- beide Hände in der gleichen Anfangshöhe halten
- eine Rücklage des Körpers und eine Hohlkreuzhaltung vermeiden.

Eine Übungssituation, in der der Spieler sehr intensiv beobachten kann, ob er all diese Punkte schon beherrscht, ist etwa dann gegeben, wenn er in einem markierten Raum von 1 m Durchmesser sich den Ball selbst 1–1,5 m hochspielt, ohne dabei den Raum zu verlassen. Indem der Spieler hier eine tiefe Spielstellung einnimmt (vgl. Abb. 1, Bild 3), kann er vor allem die Hohlkreuzhaltung vermeiden. Mit wachsendem Fertigkeitsniveau kann auch im Hüpfen oder im Sprung gespielt werden.

Das Spielen des Balles über nur sehr geringe Entfernungen sollte immer mit dem Spielen hoher Bälle verbunden werden, um Zeit zum Laufen unter den Ball und zur Einnahme der Spielstellung zu gewinnen. Das erleichtert die Ballannahme und ermöglicht ein zielgenaues Weiterspiel. Bei fortschreitender Sicherheit im Spielen hoher Bälle sollten zusätzliche Aufgaben gelöst werden, die zur Schulung der Gewandtheit und zur schnellen Einnahme der Spielstellung beitragen.

Übungsformen für Einzelspieler

11 im Wechsel niedrige und hohe Bälle spielen

12 nach jedem Spielen zusätzliche Bewegungen/Zusatzaufgaben ausführen

13 auf Linien entlang gehen und nach Zwischenprellen aus tiefer Spielstellung hochspielen

14 oberes Zuspiel nach vorne mit Nachlaufen (wer hat ohne Zwischenprellen die meisten Ballberührungen von Grundlinie zu Grundlinie?)

15 Ball seitwärts gegen die Wand spielen und dabei Hindernisse umgehen

Welche Ausführungsaspekte treten hinzu, wenn zwei oder mehrere Spieler das obere Zuspiel gemeinsam üben?

Sobald das Üben des oberen Zuspiels mit einem Partner erfolgt, muß das technisch einwandfreie Weiterspielen des Balles auch nach dem Laufen hinter und unter einen ungenau zugespielten Ball gelingen. Das schnelle Reagieren auf ungenau zugespielte Bälle kann vorbereitet werden, wenn nach dem Abspiel eine Reihe von Zusatzaufgaben gelöst werden, die zunächst eine gewisse Abkehr von Partner und Ball verlangen, dafür aber anschließend eine umso schnellere Orientierung zum Ball und zum Partner zwecks Zuspiel erfordern. Hierfür sind Partnerübungen, die in verschiedenen Variationen gespielt werden können, innerhalb fest umgrenzter (markierter) Räume zu empfehlen.

Übungsformen in Zweiergruppen

16 nach eigenem hohen Zuspiel zum Partner, das jeweils nach einem einmaligen Zwischenprellen gespielt wird, läuft der Spieler rückwärts zur Wand (Markierung) und spielt nach dem Vorlaufen den zwischengeprellten Ball aus dem Stand erneut zum Partner zurück, der währenddessen zu einer für ihn gültigen Markierung hin- und zurückgelaufen ist; Variante: mit Zusatzaufgaben nach dem Abspiel; mit Netz (8).

17 ein Partner spielt sich den Ball mehrmals über den Kopf hoch, der andere Partner löst währenddessen Zusatzaufgaben (z. B. hinsetzen, zur Wand laufen usw.)

18 seitlich versetzt oder/und kurz/lang mit Zwischenprellen zupritschen (stets frontal hinter dem Ball stehen, gedachte Winkelhalbierende der Fußstellung zeigt zum Zielpunkt)

19 oberes Zuspiel mit Zwischenprellen zwischen den Partnern, bei Änderung der Zuspielrichtung von nach vorn-oben und senkrecht nach oben muß auch die Stellung zum Ball verändert werden; Varianten der Übung 16 bis 18: jeweils ohne Zwischenprellen bzw. nur ein Partner pritscht nach Zwischenprellen

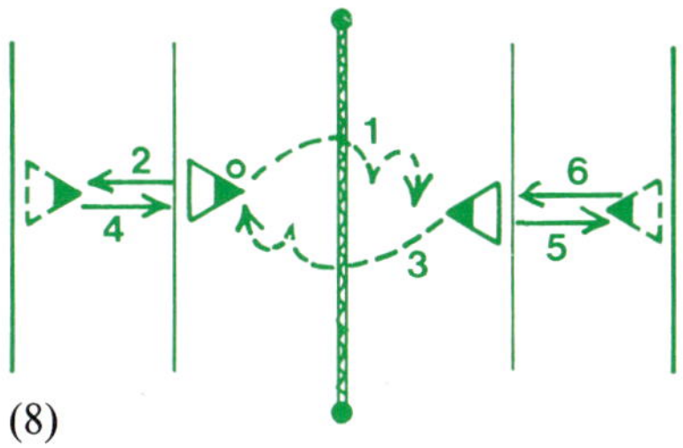

(8)

(9)

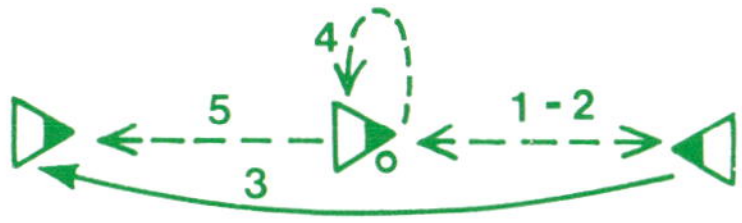

20 nach jedem Abspiel vorgeschriebene Laufstrecken zurücklegen

21 Spieler verändern ihre Positionen ohne Unterbrechung des oberen Zuspiels

22 fünfmal Zuspiel über 6 m Abstand; ein zweites Paar übernimmt den Ball ohne Unterbrechung, während das erste Paar zwei Hindernisse umläuft, durchkriecht usw.; zurücklaufen und Ball übernehmen, während nun das zweite Paar die entsprechenden Übungen ausführt

23 Partner stehen frontal zueinander im Abstand von 3–4 m: oberes Zuspiel zum Partner, der sich den Ball selbst zwischenspielt, sich dabei um 180° dreht und den Ball in die entgegengesetzte Richtung weiterspielt; diese Position hat inzwischen der erste Spieler übernommen (9); Wechsel nach zehn Ballkontakten (bei Anfängern spielt auch der laufende Spieler einmal zwischen)

Mit welchen Übungsformen kann in kleinen Gruppen eine hohe Anzahl von Ballkontakten erreicht werden?

Der Ball kann unter der Zielperspektive eines genauen Richtungsspiels sehr oft gepritscht werden, wenn sich Dreiergruppen in einer Gasse oder auf einer Linie aufstellen. Je nachdem, wie genau der Ball schon zugespielt wird, sollten die Abstände der Partner zueinander gewählt werden. In der Dreiergruppe ist der Ball zunächst so zu spielen, daß der eine Außenspieler nach einem Zwischenspiel zum Mittelmann den Ball spielt und dieser nach einem Zwischenspiel und einer Drehung um 180° den Ball zum anderen Außenspieler weiterspielt. Vor allem der mittlere Spieler muß sich so frühzeitig zum Außenspieler drehen (neuer Anspielpunkt), daß er vor dem Abspiel frontal zum Ball steht. Wenn jeder Spieler ein genaues Zuspiel erhält, sollten alle Übungen mit Zusatzaufgaben erweitert werden wie z. B. Platztausch mit dem jeweils freien Mitspieler. Solche Aufgaben sind auch im Dreieck oder Viereck auszuführen, allerdings wird dann auf die so wichtige Raumorientierung durch den Mitspieler weitgehend verzichtet. Die Raumorientierung ist aber *Kernstück* des Übens und kann durch alle Übungsformen, in denen Laufstrecken zurückzulegen sind, gefördert werden. Wenn in den nachfolgenden Übungsformen für das Spiel in kleinen Gruppen das Zwischenprellen und das Zwischenspielen des Balles noch erlaubt werden, dann können diese Übungen auch für Anfänger Verwendung finden.

Diese Übungen sind so aufgebaut, daß schon früh das individuell-taktische Verhalten geschult wird. Die Anforderungen an die Intensität der Übungsabfolge und Schnelligkeit des Bewegungsablaufes sind mit den gleichen Übungsformen zu erhöhen, wenn die beiden Erleichterungen, nämlich das Zwischenprellen und das Zwischenspielen, weggelassen werden.

Übungsformen für Dreier-Gruppen

24 Spieler A pritscht wechselweise die Spieler B und C an, die nach jedem Abspiel ihre Plätze tauschen (10)

25 drei Spieler auf einer Linie; Außenspieler A pritscht kurz auf den mittleren Spieler B, der zurückspielt; während des langen Passes von A zu C dreht sich B um und erhält wieder einen kurzen Paß von C (11)

26 in der endlosen Reihe zu dritt läuft jeder Spieler nach seinem Abspiel dem Ball nach (12)

27 wie 25, nur tauschen beim langen Paß jeweils der mittlere Spieler (B) und der abspielende Spieler (A) die Plätze (13)

28 im gleichseitigen Dreieck mit Zwischenspielen; Variante: direktes Spielen (14)

29 Spiel im Quadrat mit einer unbesetzten Ecke: nach dem Abspiel auf die benachbarte besetzte Ecke auf die freie Position laufen; Variante: nach dem Lauf auf die freie Position erhält der Spieler jeweils einen Ball aus der diagonalen Ecke (15)

30 Spieler A und C pritschen frontal auf Spieler B, der nach Seitwärtslauf jeweils diagonal zurückspielt (16)

31 wie 29, aber B läuft, nachdem er zu A zurückgespielt hat, auf Pos. B′ und erhält einen kurzen Paß von C (17)

32 Spieler A läuft seitwärts auf einer Linie und pritscht jeweils frontal auf B und C zurück (zunächst mit Zwischenspielen bei B und C (18)

33 während ein Spieler auf einer Linie läuft, erhält und spielt er diagonale Pässe mit den Partnern (19)

Übungsformen für Gruppen zu vier und mehr Spielern

34 im Quadrat mit zwei Bällen tauschen nach dem Abspiel A und B, später zusätzlich C und D die Plätze; Variante: den Ball diagonal spielen (20)

35 der Ball wird durch die versetzte Gasse gespielt (21)

36 Zweier- und Dreiermannschaften haben die Aufgabe, mit Zwischenprellen innerhalb festgelegter schmaler Gassen den Ball längs durch die Halle zu spielen (Schwerpunkt: Einnahme der Spielstellung)

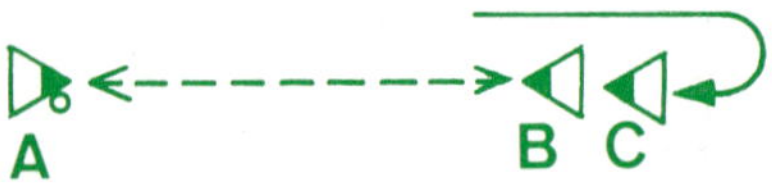

(10)

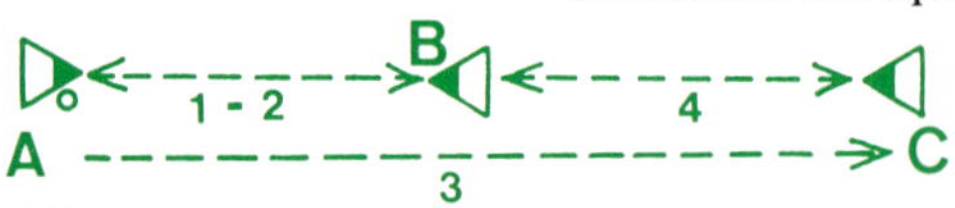

(11)

(12)

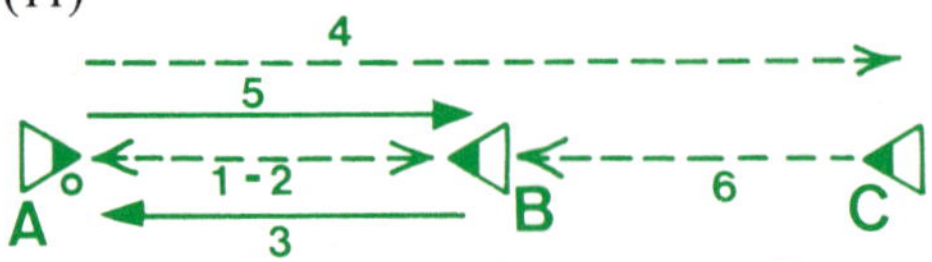

(13)

(14)
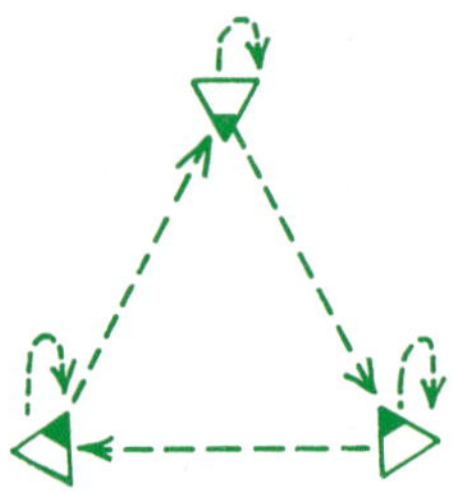

(15)
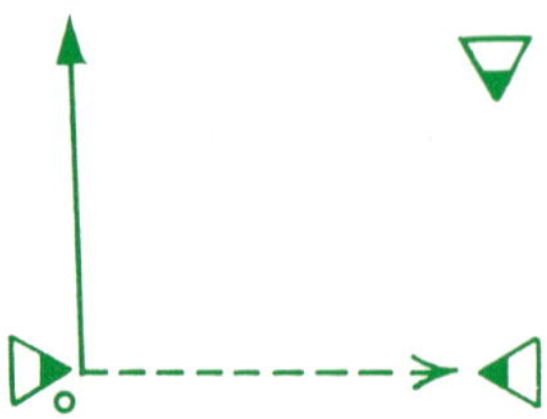

(16)
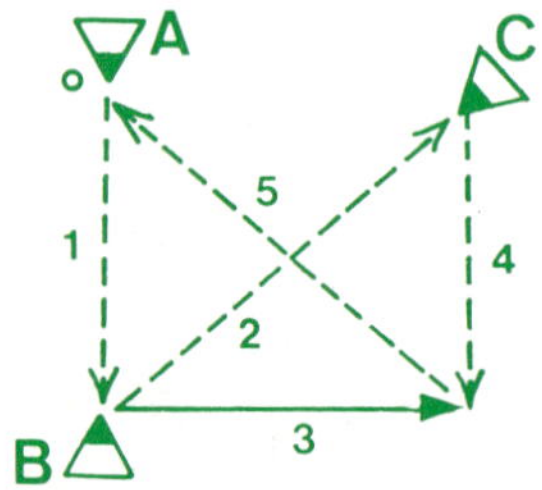

(17)
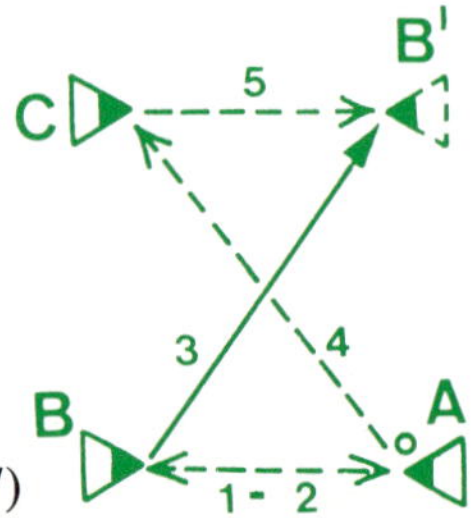

37 Spielen im Kreis mit 6–7 Spielern; Varianten und Erschwerungen: der Nebenmann wird nicht angespielt, nach dem Abspiel auf den Boden setzen und rückwärts rollen; fällt der Ball zu Boden, so löst die gesamte Gruppe Zusatzaufgaben (Schwerpunkt: Konzentration auf das Spielgeschehen, Einsatzbereitschaft und Durchführung eingeleiteter Bewegungen zum Ball)

Worauf ist bei Übungsformen unter Einbeziehung des Netzes besonders zu achten?

Werden die Spielpartner (Einzelspieler oder Gruppen) durch ein Netz voneinander getrennt, so ist die Übungsform schwieriger auszuführen, da das Netz ein Hindernis darstellt. Doch kann ein hohes Netz gerade als Hilfsmittel für ein gegenseitiges hohes Zuspiel angesehen werden. Denn nur wenn beide Spieler oder Spielergruppen jeweils hoch über das Netz in das andere Feld spielen, besitzt der angespielte Partner genügend Zeit, den Ball zu erreichen und ihn auch in der eigenen Gruppe weiterzuspielen.

Übungsformen

38 zwei Gruppen pritschen über das Netz, an die eigene Gruppe nach dem Pritschen wieder anschließen; Variante: mit Nachlaufen zur anderen Gruppe

39 paarweises Zuspiel über das Netz: hoch-flach mit Zwischenspielen und Zusatzaufgaben; Variante: wie eine „Ziehharmonika" die Entfernung verändern

40 Spieler A pritscht den Ball über das Netz zum Partner B und läuft auf die gegenüberliegende 3 m-Linie auf Position A′. Dort erhält er den Paß von B, B läuft dann auf Position B′ usw. (22)

41 Ball über das Netz spielen, hinterherlaufen und den eigenen Paß diagonal zum Partner zurückspielen; Ausgangsposition einnehmen, während der Partner spielt usw.; Variante: je nach Könnensstufe Zwischenspielen bzw. Zusatzaufgabe lösen (23)

42 in einem Dreieck am Netz Pritschen mit Nachlaufen; Variante: Spiel über das Netz mit Nachlaufen im eigenen Feld bzw. in das andere Feld (24)

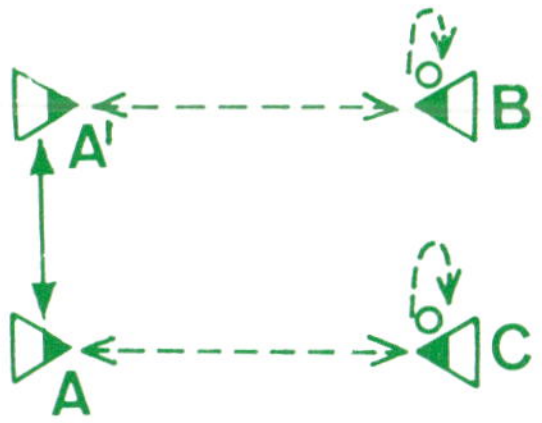

(18)

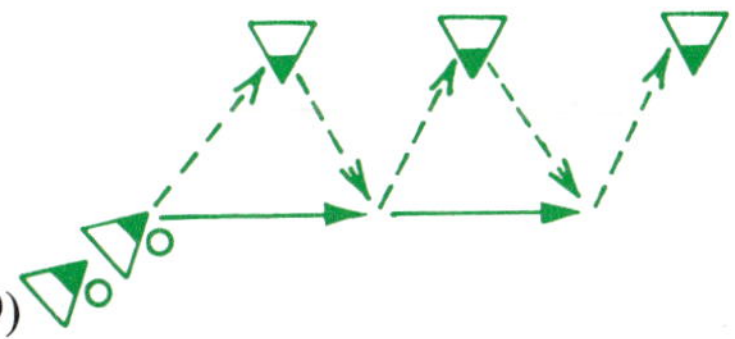
(19)

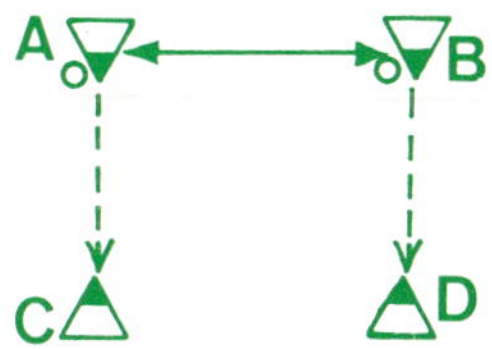

(20)

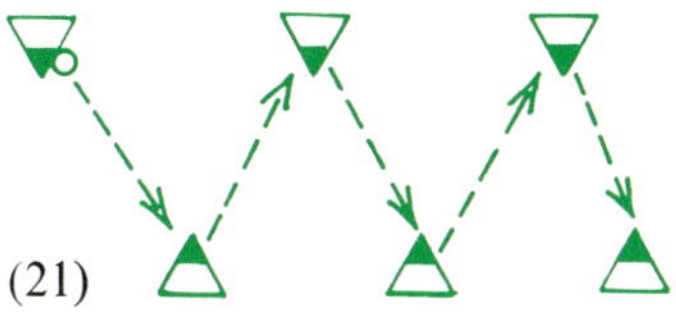
(21)

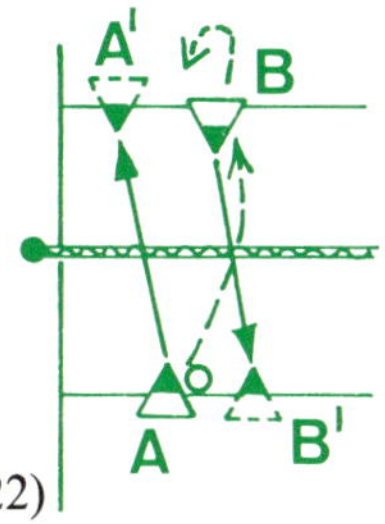

(22)

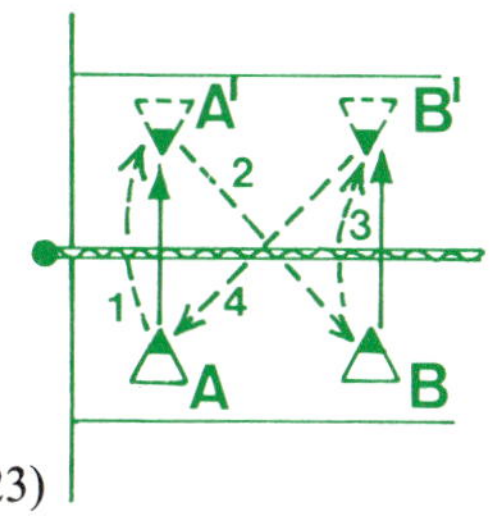

(23)

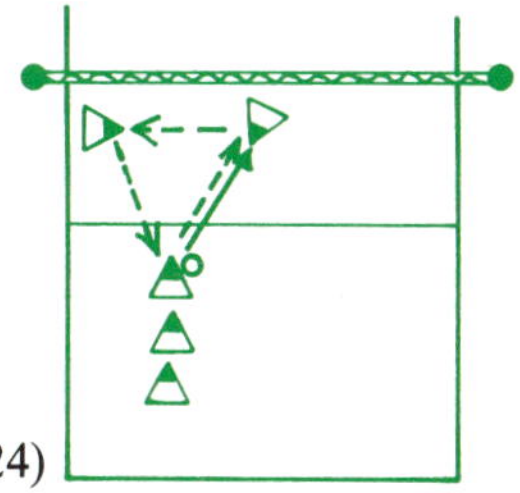
(24)

43 Im Anschluß an den Lauf in den 3-m-Raum hohes Zuspiel parallel zum Netz, nach dem Abspiel hinter der eigenen Gruppe anstellen; Variante: hinter der anderen Gruppe anstellen; die Netzmitte mit einem Spieler besetzen, der niedrige Zuspiele zu fangen versucht (in diesem Fall Zusatzaufgaben für die Zuspieler); schrittweise die Entfernung bis zu den Spielfeldaußenlinien vergrößern (25)

44 zu dritt in einer schmalen Gasse über das Netz spielen, wobei zwei Spieler in einer Spielhälfte Grundlinie und Netzposition besetzen (Netzspieler muß frühzeitig in Spielstellung laufen) (26)

Mit Übung 44 kann die allgemeine taktische Grundregel für das Volleyballspiel in vereinfachter Form erarbeitet und je nach der Könnensstufe auch modifiziert werden: Ein Spieler nimmt den Ball an und spielt ihn so weiter, daß sein Partner ihn sicher in das andere Feld zurückspielen kann. Auch hier sollte das Zwischenspiel oder das Zwischenprellen des Balles je nach Könnensstand der Spieler zunächst noch erlaubt sein. Später kann darauf verzichtet werden und die Übung mit Zusatzaufgaben bis hin zum Platztausch intensiviert werden.

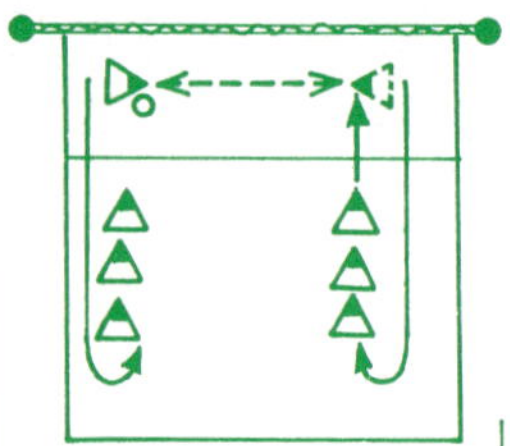

(25)

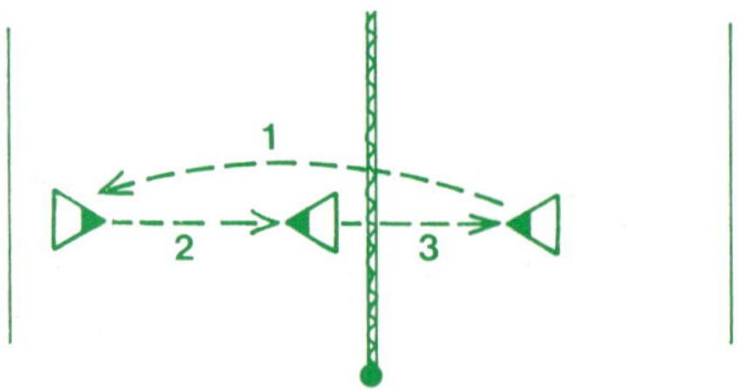

(26)

Welche Fehler müssen beim oberen Zuspiel unbedingt vermieden werden?

Wenn die Körperstreckung aus der tiefen Spielstellung mit dem anschließenden genauen Richtungsabspiel des Balles verbunden werden muß, stellen sich oft eine Reihe von Fehlern ein. Eine falsche Verbindung dieser Teilbewegungen behindert bzw. erschwert das zielgenaue Weiterspielen des Balles. Deshalb soll schon beim Üben der Grobform des Pritschens auf diese fehlerhafte Koordination geachtet werden.

Die auftretenden Fehler sind häufig die Folge einer ungenügend vorbereiteten Stellung zum Ball: Entweder wurde die Flugbahn des Balles nicht richtig eingeschätzt oder man hat zu spät die Spielstellung eingenommen. Man versucht dann oft noch, den Ball aus einer für das Pritschen ungeeigneten Körperhaltung heraus weiterzuspielen. Dies verleitet dazu, den Ball zu halten oder zu führen (Regel 16). Diese Fehlerursache trifft auch bei den Varianten des oberen Zuspiels zu wie z. B. für das Pritschen über den Kopf nach hinten. Der technisch richtige Bewegungsablauf sollte in Übungsformen so verbessert werden, daß dabei gleichzeitig auch Anforderungen an die individuell-taktische Stellung zum Ball einbezogen werden.

Die folgenden Fehlerbilder berücksichtigen nicht die Fehler, die durch eine schlechte bzw. fehlerhafte Hand- und Fingerhaltung verursacht werden. Solche Fehler (z. B. nicht gespreizte Finger, zum Ball zeigende Daumen, sich kreuzende Daumen, nicht fixierte Handgelenke, unterschiedliche Nähe der Hände bei der schüsselförmigen Handhaltung) führen zumeist zu einem regelwidrigen Weiterspielen des Balles; ihre Korrektur kann durch Wiederholung der vorbereitenden Übungen zur Hand- und Fingerarbeit (Übungsformen 7–10) erreicht werden. Auch größere oder schwerere Bälle (z. B. Basketball, Medizinball) können hier als Lernhilfe gute Dienste leisten.

Fehlerbilder	Beobachtung/Ursachen/Folgen	Korrektur
	Der anfliegende Ball wurde falsch berechnet, deshalb unterlaufen und durch „Nachklappen“ der Hände „geschlagen“.	Hinter dem Ball bleiben und Spielstellung einnehmen, Handgelenke feststellen, betonte zeitgleiche Streckung von Armen und Beinen; Übungsformen 1, 16, 18, 20.
	Die Arme (und auch Beine) sind beim Weiterspielen schon gestreckt; deshalb erreicht der Ball keine Flughöhe und -weite.	Ball bei leicht gebeugten Knien nahe der Stirn treffen; im Grätschsitz gegen hohes Ziel pritschen (also aus stark gebeugten Armen herausspielen); Übungsformen 4, 13.
	Der Ball wird aus Hohlkreuz und Rückenlage mit zu früh gestreckten Armen weggestoßen.	Den leicht nach vorn geneigten Oberkörper aus den gebeugten Knien gegen den Ball strecken; Übungsformen 4, 8, 14.

Fehlerbilder	Beobachtung/Ursachen/Folgen	Korrektur
	Der Ball wird ohne Einnahme der Spielstellung und Änderung der Spielposition gespielt und deshalb „geworfen“.	Flugbahn des Balles berechnen; in Spielstellung hinter und unter den Ball laufen; Beckenachse senkrecht zur Abspielrichtung drehen; Übungsformen 3, 6, 16, 18, 21.

Welche Regeln sollten für das individuell-taktische Verhalten beim oberen Zuspiel beachtet werden?

Das frühe Bewußtmachen allgemein taktischer Grundsätze ist eine wichtige Voraussetzung für das Erreichen der Spielfähigkeit. Dadurch können die einzelnen technischen Elemente für die jeweilige Spielsituation häufiger zur Anwendung kommen und ständig verbessert werden. Wenn den Spielern die taktischen Grundsätze bekannt sind, dann können sie sich im Spiel mit kurzen, signalisierenden Zurufen auch gegenseitig Anweisungen und Hilfen geben:

1. Den Ball stets beobachten
2. Auch den Partner immer beobachten, um dessen Fehler evtl. noch auszugleichen
3. Frühzeitig die Spielstellung im sicheren Stand hinter und unter dem Ball einnehmen
4. Eingeleitete Bewegungen zum Ball hin auch ausführen
5. Den Ball immer so hoch zum Partner pritschen, daß er genügend Zeit hat, die Spielstellung einzunehmen
6. Den Ball immer vor den Mitspieler spielen, denn man kann schneller nach vorne laufen als zurücklaufen
7. Vor allem als Anfänger den Ball stets in Blickrichtung spielen
8. Den Ball nicht zu hoch und zu nahe an das Netz spielen, weil es dann schwierig wird, den Ball ohne Netzberührung (Regel 23) noch weiterzuspielen
9. Laut und rechtzeitig rufen, wenn man den Ball in einer unklaren Spielsituation selbst weiterspielen will
10. Für das Weiterspielen rechtzeitig vom Netz lösen und nicht zu nahe am Netz bleiben, weil der Ball im eigenen Feld dann leichter weitergespielt bzw. leichter über das Netz gespielt werden kann.

Welche äußeren Spielbedingungen erleichtern den Anfängern ein Mannschaftsspiel?

Wenn zwei durch ein Netz getrennte Mannschaften mit dem oberen Zuspiel das Spiel „Ball in der Luft halten“ spielen wollen, dann müssen die äußeren Spielbedingungen so verändert werden, daß mit diesem Spiel auch Voraussetzungen zur Erreichung einer Spielfähigkeit unter später wieder veränderten Bedingungen gegeben sind. Die Tabelle 1 nennt für verschiedene Spielbedingungen Vor- und Nachteile.
Für Anfänger ist das Spiel „Ball in der Luft halten“ auf einem kleinen Spielfeld mit einem hohen Netz/Leine, mit wenig Spielern und einem nicht zu hart aufgepumpten Ball empfeh-

Spielbedingungen	Vorteile	Nachteile
1. kleine Spielerzahlen	– hohe Anforderungen an die Laufarbeit (Intensität) – große Anzahl von Ballkontakten, dadurch schnelleres Lernen und früheres Zusammenspiel – überschaubares Spiel, wenig taktischen Anforderungen	vgl. Vorteile von 2.: große Spielerzahlen
2. große Spielerzahlen	– Aufgabenverteilung auf verschiedene Spieler – variantenreiches Anspielen der Mitspieler	– Mißverständnisse – geringe Anzahl von Ballkontakten
3. kleines Spielfeld	– schnelles Reagieren und hohe Konzentration – kontrollierbarer Kraftaufwand	– niedrige Pässe aus Bequemlichkeit
4. großes Spielfeld	– weiträumiges Spiel – laufintensives Spiel	– sehr genaues Zuspiel erforderlich – hoher Kraftaufwand behindert die kontrollierte Bewegung
5. niedriges Netz		– verführt zu flachem Spiel, damit sind Annahmen im oberen Zuspiel erschwert
6. hohes Netz	– durch hohe Pässe mehr Zeit zur Einnahme der Spielstellung	
7. weicher Ball		– „klebt" in den Händen und verleitet zu flachem Pritschen
8. voll aufgepumpter Ball	– elastische Eigenschaften	– erscheint hart und schwer
9. sehr leichtgewichtiger Ball	– viel Zeit für die Einnahme der Spielstellung	– Lernen von Spielsituationen erschwert, da langsam und instabil fliegende Bälle das Sich-Einstellen auf den richtigen Volleyball (timing) verhindern

Tabelle 1: Einfluß von verschiedenen Spielbedingungen auf das Spielziel „Ball in der Luft halten"

lenswert. Mit Hilfe einiger Leinen und den vorhandenen Spielfeldlinien ist das normale Volleyballspielfeld schnell in Kleinfelder (27a) aufzuteilen, die das Spielen zwischen Zweier- und Dreiermannschaften erleichtern. Bei diesen Organisationsformen können viele Spieler gleichzeitig spielen. Zur Spieleröffnung pritscht jeweils der rechts vorn stehende Spieler seinem Partner im gegenüberliegenden Feld den Ball zu. Bei der Wahl größerer bzw. weit entfernt voneinander liegender Spielfelder können die in den Skizzen der Abb. 27 schraffierten Feldzonen unbesetzt bleiben. Dann müssen nämlich auf den Spielfeldern in den Abb. 27b und f weite und hohe Zuspiele mit mehr Kraftaufwand gespielt werden. Schmale

Spielfelder hingegen (27 a, d, e) erfordern eine gute, tief gestaffelte Raumaufteilung sowie die Beherrschung der Feinform des oberen Zuspiels, die auch eine höhere Laufintensität verlangt. Breite Spielfelder eignen sich demgegenüber zum Einüben des Zuspiels parallel zum Netz sowie für das taktische Verhalten in unmittelbarer Nähe zum Netz.

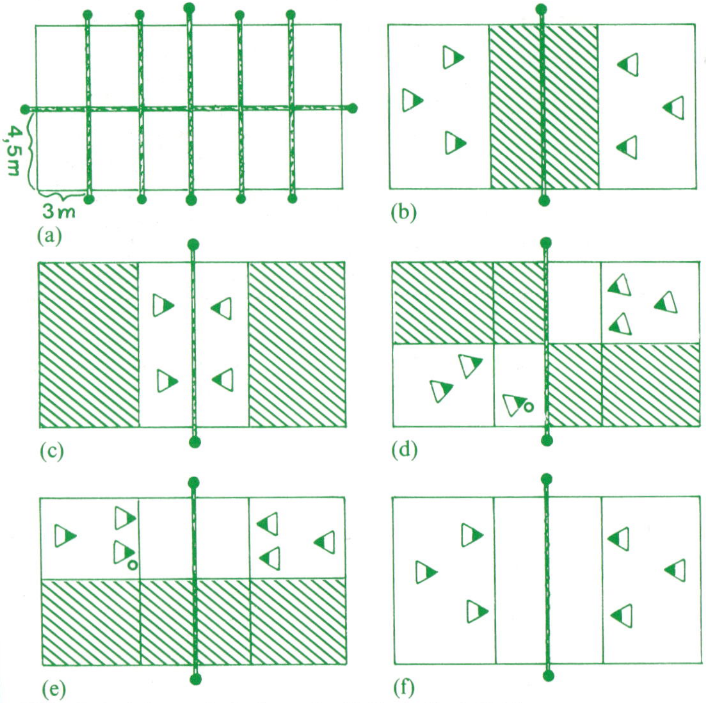

(27) Beispiele zur Aufteilung des Volleyballspielfeldes

Die in der Abb. 27 genannten Beispiele sind zu vielfältigen taktischen Organisationsformen zu verändern:

– ein Spieler auf jeder Netzseite: Jeder darf ein Zwischenspiel ausführen oder den Ball direkt zurückspielen
– zwei Spieler auf jeder Seite: Der Ball muß vor dem Zurückspielen zum Partner abgespielt werden; der erste Spieler sollte dann auch die dritte Ballberührung ausführen

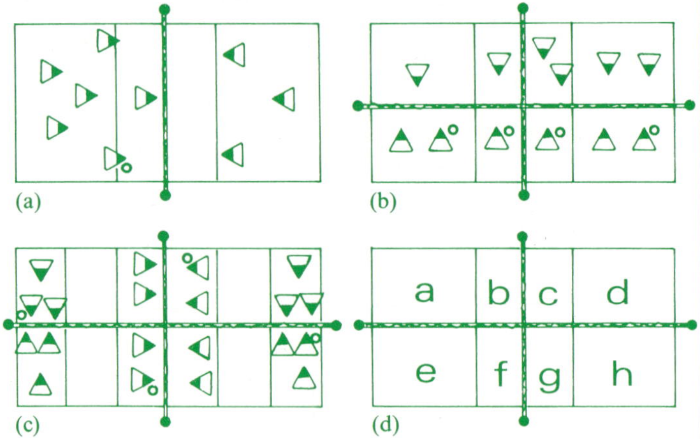

(28) Organisationsformen für das Spielen auf Kleinfeldern

– ein Spieler auf der einen Netzseite, zwei oder mehrere Spieler auf der anderen Netzseite: Für den Einzelspieler wird die Feldgröße entsprechend seinem Könnensstand gewählt; er darf auch mehrere Ballberührungen hintereinander ausführen
– drei Spieler auf der einen Netzseite, drei oder weniger/mehr Spieler auf der gegenüberliegenden Netzseite: Drei Ballkontakte vor dem Zurückspielen ausführen und Aufgabenverteilung untereinander streng einhalten (28 a)
– acht Mannschaften, von denen jeweils zwei diagonal zusammenspielen (28 d): Es spielen die Mannschaften a und g, b und h, c und f, d und e; die Spielerzahlen sollten sich nach den Feldgrößen und nach den Aufgabenstellungen richten.

Wie kann man das technische Fertigkeitsniveau überprüfen, über das man beim oberen Zuspiel verfügt?

Für die Bestimmung des Fertigkeitsniveaus im oberen Zuspiel kann ein Beobachtungsbogen hilfreich sein. Ein solcher Beobachtungsbogen (29) sollte individuell-taktisches Verhalten, den Bewegungsablauf und die Richtungsgenauigkeit des weitergespielten Balles berücksichtigen, auch wenn davon ausgegangen werden kann, daß die Qualität des Bewegungsablaufes und die Zielgenauigkeit in spielnahen Übungsformen stark miteinander zusammenhängen.

Die Kopfleiste des Beobachtungsbogens zeigt den Bewegungsablauf in der anzustrebenden Idealform (Kinegramm). Jedes Einzelbild ist einem oder mehreren Beobachtungsmerkmalen der linken Spalte zuzuordnen. Diese Spalte enthält für die Beobachtung die Merkmale, die für das bewegungsmäßig richtige und erfolgreiche Weiterspielen des Balles notwendig sind. Diese Merkmale sollten in komplexen Übungsformen oder im Kleinfeldspiel überprüft werden. Denn zumindest in spielnahen Situationen kann ein Spieler sein individuell-taktisches Verhalten (Beobachtungsmerkmale 1-5) richtig demonstrieren. Für eine solche Demonstration stellt die später beschriebene Übungsform (30) eine angemessene Organisationsform dar.

In die Spalte der Kästchen des Beobachtungsbogens trägt der Beobachter seine Beurteilungen ein, wobei er 2 bis 0 Punkte gemäß den angegebenen Beobachtungsmerkmalen vergibt. Für das obere Zuspiel ist zur Veranschaulichung des gesamten Verfahrens der vollständige Beobachtungsbogen dargestellt. Wenn in mehr als 75% bzw. weniger als in 25% der Demonstrationen die Beobachtungsmerkmale erfüllt sind, wird auf „vorhanden/richtig“ bzw. „nicht vorhanden/falsch“ entschieden. Dazu könnte er den Spieler z. B. 2 Minuten beobachten, wobei er von den 10 zu erfassenden Beobachtungsmerkmalen zunächst die typischen oder eindeutig gegebenen ankreuzt und dann sein Augenmerk auf die übrigen angegebenen Merkmale richtet; nach einigen beobachteten Versuchen gelangt er auch in diesen Fällen zu einer Entscheidung und trägt sie in die Kästchen ein. Die angegebene Idealform soll dabei die Feststellung der Differenz zum dargebotenen Bewegungsablauf erleichtern und Interpretationsmöglichkeiten liefern.

Die Zielgenauigkeit ist dadurch zu überprüfen, daß der Spieler B in Abb. 30 je nach Könnensstand in einem 1 m^2 oder 4 m^2 großen Raum postiert ist. Bälle, die er innerhalb seines Quadrates hoch zugespielt erhält, gelten als zielgenau.

Die Beurteilung „teilweise vorhanden/richtig“ ist für die Merkmale, die wie 1 oder 2 mehr als ein Bewegungselement enthalten, nicht zu geben, wenn nur ein Element davon erfüllt ist. In solchen Fällen wird dann auf „nicht vorhanden/falsch“ entschieden. Dies gilt auch für die Beobachtung anderer Techniken des Volleyballspiels. Im angegebenen Beispiel hätte der Spieler zwei Merkmale richtig ausgeführt (2 × 2 Pkt. = 4 Pkt.), die Merkmale 1, 2, 4, 5 und 6 teilweise erfüllt (5 × 1 Pkt. = 5 Pkt.) und die übrigen Merkmale nicht gezeigt bzw. falsch ausgeführt (3 × 0 Pkt. = 0 Pkt.). Der aus der Summe aller Beurteilungswerte nach der Formel

$$q = \frac{\Sigma\,(2\ \text{Pkt.}) + \Sigma\ (1\ \text{Pkt.})}{n}$$

mit den Grenzen 0 und 2 errechnete Quotient lautet 0.90. Für seine Beurteilung ist folgender Beurteilungsrahmen angebracht, der auch zur Einschätzung der später behandelten Techniken einzusetzen ist:

Fertigkeits-quotient	<0.85	<1.20	<1.55	<1.80	>1.80
Fertigkeits-niveau	sehr schwach	ausreichend	durch-schnittlich	überdurch-schnittlich	ausgezeichnet

Beobachtungsmerkmale	vorhanden/ richtig 2 Punkte	teilweise vorhanden/richtig 1 Punkt	nicht vorhanden/falsch 0 Punkte
1 spiel- und bewegungsbereite Hand- und Beinstellung (A)	☐	☒	☐
2 Lauf hinter und unter den Ball (B/C)	☐	☒	☐
3 Breitenachse quer zur Abspielrichtung (C)	☐	☐	☒
4 Einnahme der vorbereitenden Spielstellung (C)	☐	☒	☐
5 sicherer Stand vor dem Abspiel (C)	☐	☒	☐
6 zeitlich richtiger Beginn der Gesamtkörperstreckung (D)	☐	☒	☐
7 zeitgleiches Strecken von Beinen und Armen von unten-hinten gegen den Ball (E)	☒	☐	☐
8 schlüsselförmige Hand- und Fingerstellung trifft den Ball oberhalb und vor der Stirn (F)	☒	☐	☐
9 Fortsetzung der Körperstreckung nach dem Ballkontakt (G/H)	☐	☐	☒
10 Zielgenauigkeit	☐	☐	☒
Beurteilungen/Summe:	4	5	

$q = \frac{\Sigma (2\ \text{Pkt.}) + \Sigma (1\ \text{Pkt.})}{10}$	Fertigkeits-niveau	sehr schwach	ausreichend	durch-schnittlich	überdurch-schnittlich	ausgezeichnet
$q = \frac{4+5}{10} = 0{,}90$	Fertigkeits-quotient	< 0,85	(< 1,20)	< 1,55	< 1,80	≥ 1,80

Datum: 15.1.80 Kurs: 11.2 Spieler: Jung Beobachter: Greger

(29) Beobachtungsbogen zum oberen Zuspiel

Mit Hilfe dieses Bogens können sich die Spieler einer Volleyballgruppe gegenseitig beobachten, beurteilen und Korrekturen geben. Um aber einen möglichst einheitlichen Beurteilungs- und Bewertungsmaßstab zu haben, müßten die Teilnehmer sich vor den Beobachtungen abstimmen. Technische Fehler wie Halten des Balles werden mit diesem Bogen allerdings nur unzureichend erfaßt. Solche Ballaktionen werden als regelwidrig gewertet.

Die übrigen Techniken des Volleyballspiels sind nicht in vollständigen Beobachtungsbögen dargestellt; es wurden zu diesem Buch „Arbeitsblätter für Volleyballspieler“ entwickelt, die die notwendigen Beobachtungsbögen in größerer Stückzahl bereitstellen.

Wie schon auf Seite 29 angesprochen, sollen die Übungsformen, in denen die zu beurteilenden Demonstrationen erfolgen, vor allem dem Kriterium genügen, eine spielnahe Situation darzustellen (komplexe Übungsform oder Kleinfeldspiel). Die folgende *Übungsform* ist hierfür ein Beispiel:

Von einer Position jenseits des Netzes wird der Ball auf einen hinteren Spieler gepritscht, der den Ball nach vorne an das Netz weiterspielt. Der zu beobachtende Spieler A hat nun die Aufgabe, nach dem Lauf auf seine Position den richtigen Bewegungsablauf zu demonstrieren und zielgenau hoch parallel zum Netz auf den Spieler B den Ball zu spielen.

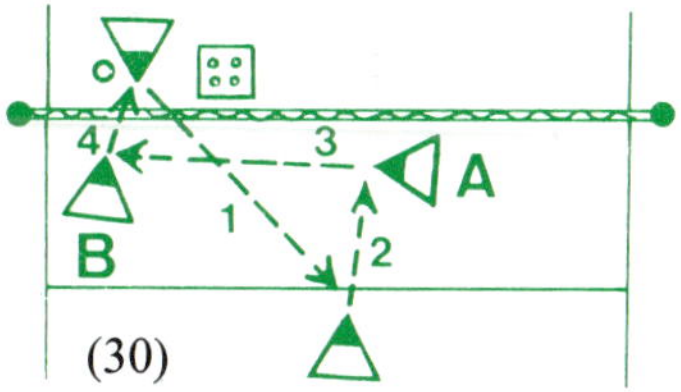

(30)

Von dort wird der Ball über das Netz zurückgespielt usw. (30). Um eine Nähe zum späteren Spielverhalten herzustellen, sollte der Spieler seinem Zuspiel folgen und durch Bodenfassen mit der Hand an einer Markierung die sog. Sicherung andeuten und dann schnell rückwärts bis hinter die Ausgangsposition zurücklaufen. Etwa 6–10 spielnahe Demonstrationen sind hier pro Minute ausführbar.

Wie kann der Ball richtungsgenau und regelgerecht über den Kopf nach hinten gepritscht werden?

Vor allem auf dem Kleinfeld kann der Netzspieler die aus dem Hinterfeld ihm ungenau zugespielten Bälle nur aus einer Stellung mit dem Rücken zum dritten und vierten Mitspieler weiterspielen. Das frontale obere Zuspiel wird nahezu unmöglich. In solchen Situationen ist das *obere Zuspiel über den Kopf nach hinten* eine Hilfe. Es ist als eine Variante des oberen Zuspiels zu betrachten und bereitet beim Erlernen keine Schwierigkeiten, wenn das obere Zuspiel in der Grundform beherrscht wird. Die Ausgangsstellung entspricht der Körperhaltung beim frontalen oberen Zuspiel (31 a = 31 a′). Im Augenblick der Ballberührung ist der Körper jedoch senk-

(31) Gegenüberstellung der Bewegungsabläufe von frontalem Zuspiel (a–c) und Zuspiel über den Kopf nach hinten (a′–c′)

recht unter dem Ball (31 b′), und mit dem Weiterspielen des Balles streckt sich der Körper nach leichtem Vorschieben der Hüfte (Bogenspannung) nach oben-hinten (31 c′).
Da die Bewegungsverwandtschaft zum frontalen Pritschen sehr groß ist, kann auf vorbereitende Übungen verzichtet werden. Um die Spielstellung senkrecht unter den Ball einnehmen zu können, sollte der Ball zuerst sehr hoch und nur über kurze Entfernungen zugespielt werden.

Übungsformen

45 B erhält von A ein hohes Zuspiel, das B über den Kopf hoch und kurz zu dem hinter ihm stehenden Spieler C weiterspielt. C pritscht zurück zu A (B dreht sich um und überprüft die Genauigkeit seines Zuspiels) (32)

46 B erhält von A ein hohes Zuspiel, B pritscht aber erst nach einem Zwischenspiel und nach einer Drehung um 90° mit dem Rücken zur Spielrichtung weiter (33)

47 B spielt A sehr kurz an (halbe Entfernung), dieser läuft vor und spielt über Kopf zu C; A läuft auf den ehemaligen Platz von B, der inzwischen hinter C steht, und erhält ein weites Zuspiel von C. A spielt nun C kurz an, dieser läuft vor, pritscht über den Kopf nach hinten usf. (34)

48 in der Endlosreihe pritscht stets der mittlere Spieler über den Kopf (35)

49 vier Spieler stehen so in Reihenaufstellung, daß sich die zwei Innen- und die zwei Außenspieler ansehen; der Ball wird wechselweise in einem frontalen Zuspiel kurz oder weit zugespielt oder über den Kopf gespielt (bei weiten Zuspielen sind Zusatzaufgaben und/oder Platztausch möglich) (36)

50 Spiel über die Position III: Der Spieler auf der Position III spielt den von der Position IV zugespielten Ball über den Kopf zur Position II (37 a); Zuspiel von Position VI auf die Position III; der Spieler auf der Position III kann die Zuspielart und -richtung wählen (37 b); Varianten zu a und b: jeweils mit Nachlaufen

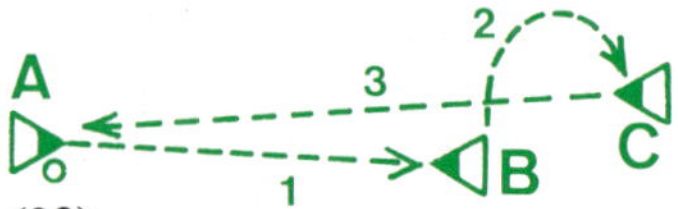

(32)

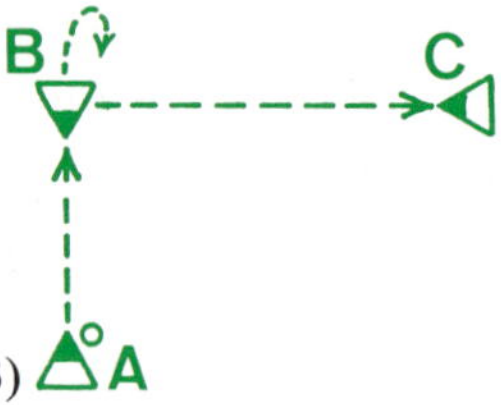

(33)

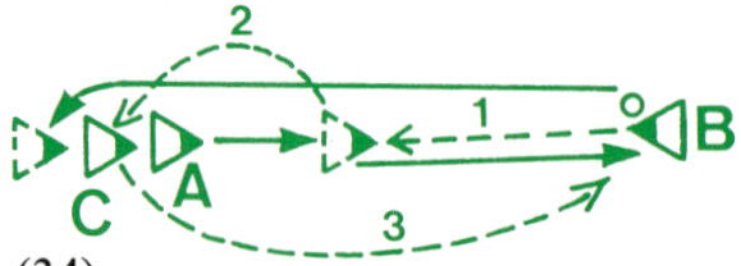

(34)

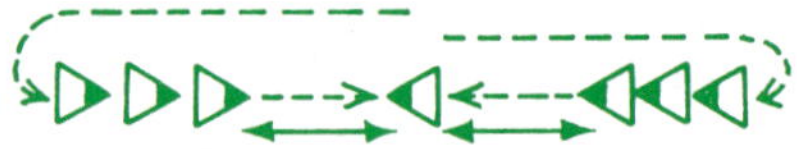
(35)

(36)

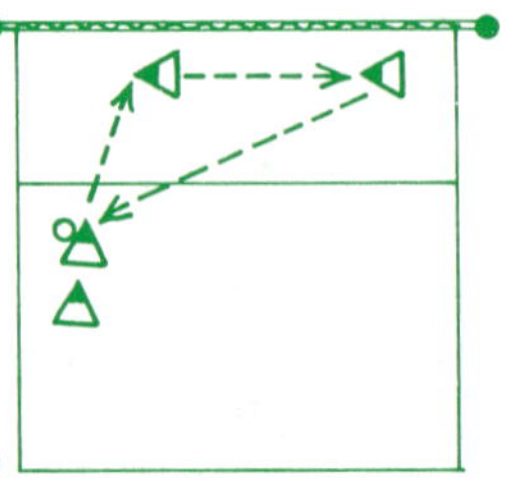
(37 a)

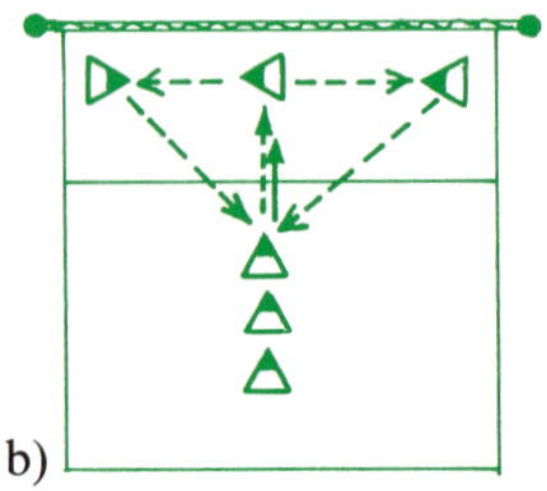
(37 b)

Wann wird das obere Zuspiel im Abrollen seitwärts bzw. rückwärts gespielt, und wie läuft die Bewegung ab?

Die Wahl eines kleinen Spielfeldes, die Herabsetzung der Spielerzahl sowie die Hinzunahme der Technik „Zuspiel über

(38)

Lernhilfen zum oberen Zuspiel im Abrollen seitwärts

	1	2	3	4–5	6–7
Hände Arme Schultern	ich beobachte den Ball in bewegungsbereiter Spielstellung	hebe dabei die Ellenbogen etwas an, so daß meine Hände zum Ball hin eine schüsselartige Form haben		noch vor der Bodenberührung strecke ich die schüsselartig geformten Hände explosiv nach oben-vorne gegen den Ball	
Hüfte Ausfallbein hinteres Bein Füße		dann laufe ich mit einem weiten Ausfallschritt seitwärts-vorwärts hinter den anfliegenden Ball	und drehe mich auf dem ausgestellten Fuß solange, bis ich mich frontal zur Abspielrichtung befinde	und senke dabei den Körper weiter über die Ferse auf die Außenseite des Oberschenkels ab,	anschließend rolle ich seitwärts und rückwärts über Oberschenkel und Gesäß bremsend auf dem Rücken ab
Handgelenke					
Ellenbogengelenke					
Schultergelenk				aufwärts	
Hüftgelenk					
Kniegelenk Ausfallbein					
Kniegelenk ballfernes Bein					
Fußgelenk Ausfallbein					
Fußgelenk ballfernes Bein					

den Kopf nach hinten" sind Maßnahmen, um mit regelgerechtem und zielgenauem Pritschen den Ball in der Luft zu halten. Technische Fehler treten aber dann noch auf, wenn der Ball niedrig, seitlich entfernt bzw. niedrig und sehr schnell frontal auf den Spieler zukommt. Ein fehlerfreier Einsatz des oberen Zuspiels ist in solchen Fällen möglich, wenn das obere Zuspiel im Abrollen seitwärts oder rückwärts eingesetzt wird. Das Weiterspielen des Balles in dieser Form des Pritschens hat den Vorteil, daß der Spieler beim Abrollen rückwärts oder seitwärts unter den Ball ein wenig Zeit gewinnt, um die Hände für einen sonst zu weit und flach nach hinten oder zur Seite gespielten Ball noch vor die Stirn führen zu können (vgl. Kinegramm in Abb. 38).
Hauptmerkmale für das Spielen des Balles sind:

a) der weite Ausfallschritt mit der starken Beugung des ballnahen Beines
b) die Beugung im Hüftgelenk
c) die explosive Streckung der Ellenbogen und
d) das Weiterspielen des Balles aus der schüsselförmigen Hand- und Fingerstellung.

Was sollte beim Üben des oberen Zuspiels im Abrollen seitwärts bzw. rückwärts besonders beachtet werden?

Der weite Ausfallschritt, die starke Beugung in der Hüfte sowie die Streckung der Ellbogengelenke im Verlauf der Fallbewegung nach unten sollten zweckmäßigerweise zunächst ohne Ball geübt werden. Die Ausführung des Bewegungsablaufes nach einem Zuspiel stellt gerade hier erhöhte Anforderungen an die Wahrnehmungsfähigkeit und Bewegungsschnelligkeit. Deshalb wird die Intensität des Übens (z. B. die Schnelligkeit der Übungsabfolge) stets zugunsten einer größeren Qualität des Übens unter Einbezug von Partnerkorrekturen zurückgestellt.

Übungsformen

51 nach Ausfallschritt rechts bzw. links vor dem Abrollen (evtl. mit Matte) Üben der Pritschbewegung
52 schnelles Seitwärtslaufen mit anschließender Ausführung von Pritschbewegung und Abrollen
53 Partner wirft den Ball indirekt rechts bzw. links flach neben den Spieler, der nach Ausfallschritt den Ball hoch zurückspielt
54 beide Partner führen das Zuspiel im Abrollen seitwärts aus (nach Zwischenprellen, später ohne Zwischenprellen)
55 hohes und kurzes Vorwärtsspielen innerhalb schmaler Gassen, nach dem Zwischenprellen im Abrollen seitwärts weiterspielen und erneut hoch und kurz spielen, Fortgeschrittene mit Zusatzaufgaben
56 aus der Mitte des Feldes wird der Ball auf unbesetzte Eckpunkte gepritscht und von dort im Abrollen zurückgespielt (39); Variante: auf Position III zurückspielen
57 Partner „überspielen" sich mit einem schnellen, brusthohen Zuspiel, so daß im Abrollen rückwärts das Weiterspielen des Balles ermöglicht werden muß
58 Pritschen gegen Stirnreihen (der vorderste Spieler rollt jeweils ab) mit festem Zuspiel
59 wie 54, jedoch in Zweiergruppen; Spieler schließen sich am gegenüberliegenden Ende wieder an; Variante: Übung in Verbindung mit dem Netz
60 in Dreier-Gruppen über das Netz spielen; jedes zweite Zuspiel wird im Abrollen weitergespielt (40)

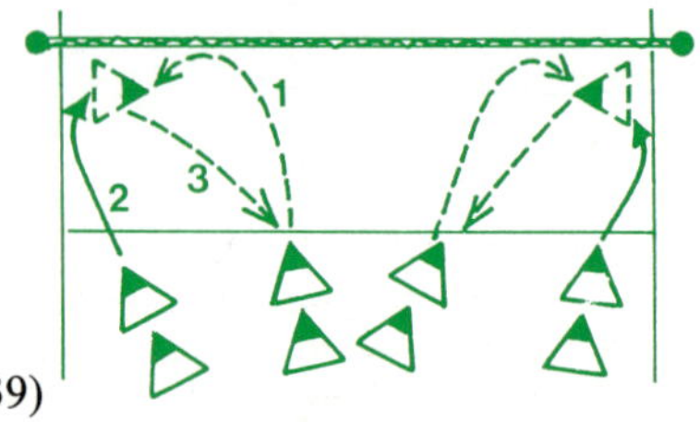

(39)

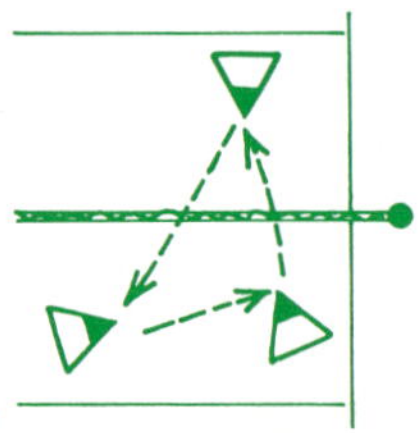
(40)

Volleyballspielen mit dem Ziel „Ball in der Luft halten“

2. Unteres Zuspiel

Welche Bedeutung hat das untere Zuspiel, und wie sieht der Bewegungsablauf für diese Technik aus?

Das obere Zuspiel kann in vielen Spielsituationen ein sicheres und regelgerechtes Weiterspielen des Balles nicht gewährleisten. Solche Situationen entstehen, wenn Bälle so niedrig gespielt werden, daß sie weder durch Vorlaufen noch durch seitliches/rückwärtiges Abrollen im Pritschen zu erreichen sind. Zur Lösung solcher Spielsituationen wird das sog. *untere Zuspiel, der Bagger,* eingesetzt (43). Das obere Zuspiel ist jedoch aufgrund seiner vielfältigen Anwendungsmöglichkeiten und vor allem aufgrund seiner gegenüber dem Bagger wesentlich größeren Zuspielgenauigkeit die wichtigste Technik des Volleyballspiels. Der Bagger sollte also nur in Spielsituationen eingesetzt werden, in denen der Ball mit einem oberen Zuspiel nicht weitergespielt werden kann.

Die Hauptmerkmale der Bewegung für das untere Zuspiel sind nach der räumlich-zeitlichen Strukturanalyse:

a) die Beuge- und Streckbewegung der Kniegelenke, die die Hüfte und den Oberkörper gegen den anfliegenden Ball bewegt und nach dem Ballkontakt den gesamten Körper in die Flugrichtung des Balles weiterstreckt

b) die gestreckten Hand- und Ellbogengelenke

c) der gleichbleibende Winkel zwischen Oberkörper und Oberarmen beim Weiterspielen des Balles.

Was sollte bei dem Aufbau und der Zusammenstellung von Übungsformen für das untere Zuspiel beachtet werden?

Auch für das untere Zuspiel verbietet die Regel 16 das Führen oder Halten des Balles. Ein regelgerechtes und zielgenaues Zuspiel ist zu erreichen (Beckenachse quer zur Abspielrichtung), wenn die Unterarme schon vor der Ballberührung in die Richtung zeigen, in die der Ball weitergespielt werden soll. Wenn im Moment der Ballberührung bei fixiertem Schultergelenk in Folge der Gesamtkörperstreckung die Unterarme „mitgehen“, wird eine größere Zielgenauigkeit beim Weiterspielen erreicht, ohne daß dabei der Ball regelwidrig geführt oder gehalten wird. Die Hauptmerkmale des Bewegungsablaufs, insbesondere das Nach-Vorne-Strecken der Schultern und Ellenbogen, lassen sich am besten ohne Ball üben. Als methodisches Hilfsmittel bietet sich dafür eine Übung mit einem Stuhl an (41). Anschließend sollte der Bewegungsablauf aus dem Gehen/Laufen und aus einer tiefen Spielstellung geübt werden.

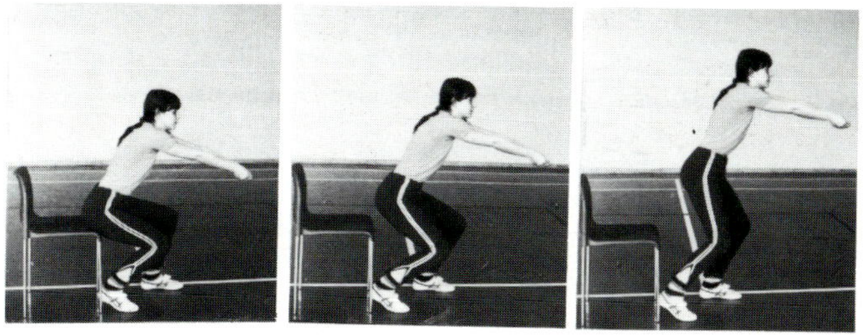

(41) Hilfsübung mit Stuhl

Das vorbereitende Üben der Hauptmerkmale des Baggers geschieht zweckmäßigerweise in Partnerarbeit. Ein Spieler hält den Ball bei gestreckten Armen zwischen den parallelen Handflächen (42), während der andere Spieler aus der tiefen

(42) Erlernen der motorischen Grobform des unteren Zuspiels

(43)

Lernhilfen zum unteren Zuspiel

Hände Arme Schultern	schon beim Beobachten des Balles sind meine Hände und Füße bewegungsbereit	in Erwartung des Balles strecke ich die Arme langsam vorwärts und wenig abwärts	ich lege die Fingerrücken einer Hand in die Handfläche der anderen und drehe die Daumen so, daß sie parallel nebeneinander liegen und winkele dabei die Handgelenke zur Kleinfingerseite hin ab	mit den daumennahen Unterarmenden nahe den Handwurzeln treffe ich den Ball	die Spannung in den gestreckten Handgelenken bleibt erhalten und ich achte darauf, daß die Arme bei festgestelltem Schultergelenk nicht nach oben ausschwingen
Hüfte Beine Füße		dabei gehe ich mit Ballenbelastung der Füße und leichter Schritt-Grätschstellung in eine tiefe Kniebeuge	ich strecke die Beine beschleunigend aufwärts-vorwärts gegen den anfliegenden Ball		nach der Ballberührung strecke ich Beine und Hüfte weiter in Richtung des abgespielten Balles

Handgelenke

Ellenbogengelenke

Schultergelenk

Hüftgelenk

Kniegelenke

Fußgelenke

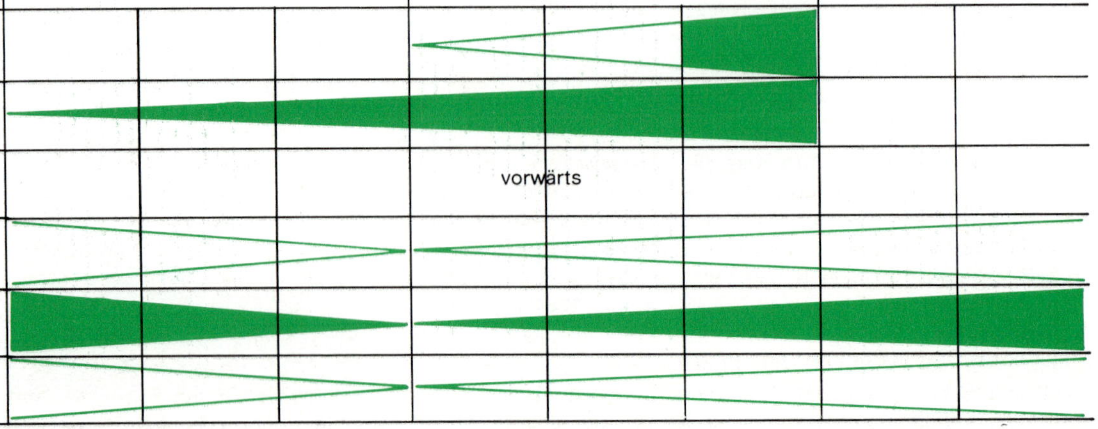

Spielstellung heraus den Ball aufwärts-vorwärts mit den daumenseitigen Unterarmenden nahe der Handwurzel langsam bis über den Kopf des Partners zu „drücken“ versucht.
Die Bewegungskontrolle sollte vor allem auf die Bewegung der Kniegelenke, auf das Nach-Vorne-Strecken der Schultern und Ellenbogen und auf die richtige Trefffläche achten (44).

(44) Arm-, Hand-, Fingerhaltung, Trefffläche

Das Timing, d. h. das rechtzeitige Strecken der Arme gegen den anfliegenden Ball und das „Mitgehen“, kann mit der gleichen Übung erlernt werden. Der Partner läßt den Ball aus seinen nach oben-vorne gestreckten Händen dann fallen, wenn der Spieler aus der tiefen Spielstellung mit der Körperstrekkung beginnt. Auch hier soll der Spieler den Ball bis über den Kopf seines Partners „hochdrücken“.
Für Anfänger wählt man vor allem Übungen, in denen hohe Bagger indirekt zugespielt werden (mit Zwischenprellen). Organisationsformen wie das Spielen in einer Gasse oder im Dreieck verlangen das genaue Weiterspielen des Balles aus einer frontalen Spielstellung zum Anspielpunkt. Zusatzaufgaben wie Drehsprünge, kurze Laufwege u. ä. nach einem unteren Zuspiel können die erneute, schnelle Orientierung des Spielers zum Ball erhöhen.

Übungsformen für einen einzelnen Spieler

61 den Ball im steten Wechsel hoch und vorwärts baggern und dabei sich auf einer Linie oder in einer Gasse bewegen (Anfänger spielen mit Zwischenprellen); darauf achten, daß die Richtung und Geschwindigkeit des Balles durch die Streckung der Beine bestimmt werden

62 den Ball abwechselnd baggern und pritschen

63 Pritschen gegen die Wand; den zurückspringenden Ball im Bagger hochspielen; Variante: fortlaufend mit Seitwärtsbewegung spielen

Übungsformen mit einem Partner

64 Partner stehen in markierten schmalen Gassen; vom Netz zum Partner pritschen, der vor der Grundlinie steht; nach Zwischenprellen baggert dieser hoch an das Netz zurück; Variante: beide Spieler baggern im Direktspiel

65 der Ball wird rechts und links neben den Partner gepritscht, der diese versetzten Bälle nach einer Bewegung zum Ball hin wieder zum Zuspieler im Bagger zurückspielt; Variante: aus den Hinterfeldpositionen senkrecht bzw. diagonal ans Netz baggern

66 Partner stehen parallel zum Netz im Abstand von 4 m so zueinander, daß der erste in Feldmitte und der zweite etwa auf der Außenlinie steht; indirektes Pritschen von A auf B, von dort hoher Bagger auf A und Laufen auf C; A pritscht sich den Ball selbst vor, dreht sich um 180° und pritscht indirekt auf C usw.; Platztausch nach 20 Zuspielen; Variante a: direktes Baggern und/oder oberes Zuspiel über den Kopf nach hinten; Variante b: Zusatzaufgaben für Mittelspieler, wenn Außenspieler zwischenspielt (vgl. Übungsform 23)

67 Ball hoch und kurz über eine gespannte Leine/Netz spielen und auf der Gegenseite im Bagger annehmen (Anfänger nach Zwischenprellen)

Übungsformen zu dritt und in kleinen Gruppen

68 Spiel im Dreieck: abwechselnd Pritschen und Baggern (erst in Zuspielrichtung drehen, dann Baggern/Pritschen)

69 A pritscht den Ball über das Netz zu B, dieser baggert hoch zu C; C pritscht über den Kopf nach hinten zu A (45)

70 Dreieckspiel am Netz, die hinteren Spieler baggern; Varianten: nacheinander von allen Grundlinienpositionen über alle Netzpositionen spielen; Ball über das Netz einpritschen (46) (jeder folgt seinem Ball)

71 das Zuspiel der Position III baggert der Spieler auf Position VI (nach Achterlauf von Position I bzw. V kommend) hoch ans Netz zurück (47)

72 Spieler auf Position IV pritscht zu Position I, Bagger zu Position II und von hier aus langes Zuspiel parallel zum Netz auf Position IV usw. (48), bei mehr als 3 Spielern mit Nachlaufen; Variante a: ein weiterer Spieler steht auf Position III und spielt den Ball von Position II über den Kopf nach hinten zu Position IV; Variante b: mit Nachlaufen; Grundlinienpositionen wechseln

73 Spieler A pritscht von Position II (IV) zu B; dieser baggert schräg nach vorne zur Dreimeterlinie, A erläuft den Ball und spielt nach Drehung (oder über Kopf) zu C ans Netz; C spielt zu B und A stellt sich hinter C (49); Variante: mehr Spieler und Nachlaufen

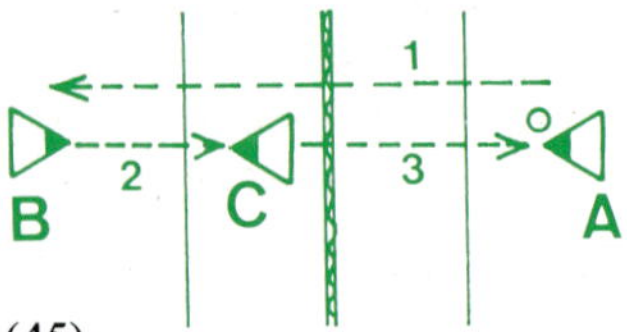

(45)

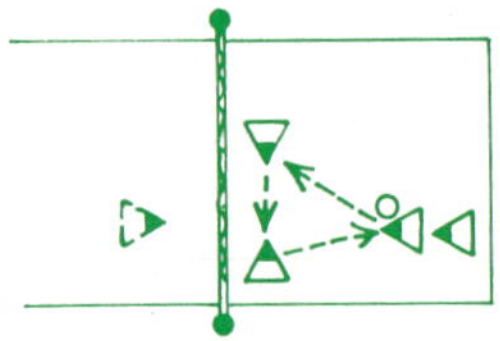

(46)

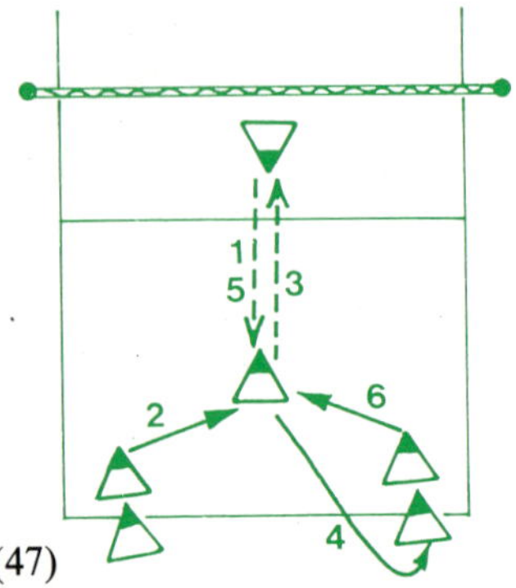

(47)

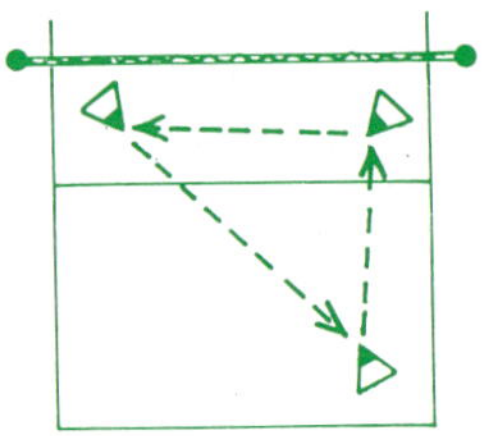

(48)

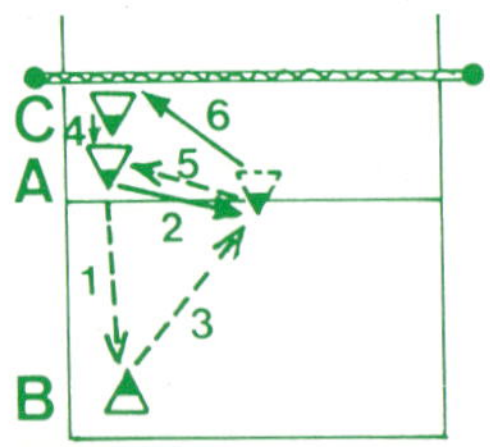

(49)

Warum sollte das obere Zuspiel vor dem unteren Zuspiel erlernt werden, obwohl die Bewegungsabläufe ähnlich sind?

Große Teile des Bewegungsablaufes wie die Beinbewegung, die Haltung des Oberkörpers und die Richtung der Körperstreckung sind bei den Techniken des oberen und unteren Zuspiels sehr ähnlich.

(50) Gegenüberstellung der Bewegungsabläufe von oberem und unterem Zuspiel

Aufgrund dessen könnte es gleichgültig erscheinen, ob das Volleyballspiel zuerst mit der Technik des oberen Zuspiels oder mit der Technik des unteren Zuspiels erlernt wird, zumal zum Erlernen beider Techniken auch die gleichen Übungsformen geeignet sind. Prinzipiell sollte dennoch mit dem Pritschen zuerst begonnen werden, weil hier die Zielgenauigkeit größer ist und die Kraftübertragung mit den Fingern besser möglich wird als beim Bagger. Im allgemeinen kann der Ball im Pritschen auch länger „in der Luft gehalten werden" als im Bagger, so daß die Spielfähigkeit durch die Häufigkeit der Ballkontakte auch früher erreicht wird. Außerdem verführt das untere Zuspiel im Vertrauen auf den größeren Aktionsradius und durch das leichtere Erreichen des Balles aus ungünstigen Spielsituationen oft zur Vernachlässigung einer stets bewegungsbereiten Spielstellung. Die Folge ist dann oft ein falsches Spielen des Balles mit nur aufwärts schlagenden Armen, bei dem die gezielte Beinstreckung fehlt.

Mit welchen Übungsformen kann der individuell-taktische Einsatz des oberen und des unteren Zuspiels für das Mannschaftsspiel vorbereitet werden?

Das untere Zuspiel soll das Weiterspielen von niedrigen und weit vor dem Körper gespielten Bällen sichern. Um das ständige Entscheiden zwischen unterem und oberem Zuspiel einzuüben, müssen Übungsformen und vorbereitende Spiele vielfältige Situationen bieten, in denen der Spieler möglichst häufig vor die Wahl gestellt wird, die eine oder die andere Zuspieltechnik anzuwenden.

Das Üben im Kreis stellt die einfachste Übungsform dar. Innerhalb des Kreises dürfen alle Spieler mit Ausnahme des Nebenmannes in beliebiger Reihenfolge angespielt werden. Jeder ist dafür verantwortlich, daß der Ball nicht zu Boden fällt. Andernfalls darf die gesamte Gruppe nur nach Erfüllung von Zusatzaufgaben (Sprünge, Bauchlage einnehmen usw.) weiterspielen. Weit entfernt oder sehr flach gespielte Bälle dürfen gebaggert werden, alle anderen Bälle sind mit dem oberen Zuspiel weiterzuspielen.

Eine Variante dieser Übungsform – nach dem Weiterspielen des Balles soll der Spieler auf dem Boden rückwärts abrollen – schult besonders die individuelle Taktik. Der auf dem Boden abrollende Spieler muß möglichst schnell wieder eine ballorientierte Spielstellung einnehmen, und der jeweils den Ball weiterspielende Partner muß beobachten, welcher seiner Mitspieler anspielbar ist. Aber solche Übungen im Kreis enthalten noch wenig Dynamik, weil mit der Kreisform auch der Bewegungsraum festgelegt ist. In weiteren Übungsformen wird deshalb der Bewegungsanteil erhöht und der Blickkontakt zum Partner, das sog. periphere Sehen, geschult.
Die Analyse der Hauptmerkmale der Bewegungsabläufe hatte für das obere Zuspiel u. a. die schüsselförmige Haltung der Hände und für das untere Zuspiel die gestreckten Hand- und Ellenbogengelenke sowie den gleichbleibenden Winkel zwischen Oberkörper und Oberarmen beim Weiterspielen des Balles herausgestellt.
In dynamischen Übungsformen und im Spiel ist eine solche Hand- und Fingerarbeit aber nicht immer möglich. Vor allem aus der Bewegung heraus wird es oft schwierig, eine möglichst große Handfläche an den Ball zu bringen, ohne ihn dabei zu führen. Technisch ist es daher durchaus korrekt, das gespannte Handgelenk elastisch nach vorne zu schnellen und mit den vorderen Fingergliedern den Ball zu spielen. Doch sollte vor allem in der Anfängerschulung hiervon nur in Notfällen Gebrauch gemacht werden.
Auch beim unteren Zuspiel kann man sich den Bewegungsablauf mit einer kleinen Hilfe erleichtern. Dazu streckt der Spieler die gespannten Schultern möglichst weit nach vorne und versucht, sie vor der Brust nahe zusammen zu bringen. Automatisch erhält man dadurch gestreckte Handgelenke und eine hinreichend große ballspielende Fläche.

Übungsformen

74 mehrere sich in breiter Gasse gegenüberstehende Gruppen versuchen gleichzeitig, den Ball von einer Hallenseite zur gegenüberliegenden Hallenseite zu spielen (bei Ballverlust erneut Start von der Grundlinie); bei dieser vergrößerten Spielfläche, den längeren Laufwegen und der Vielzahl der Spieler steigt die Zahl der Fehler; aber besonders der Anfänger kann auf diese Weise erfahren, wie wichtig es ist, ständig in Bewegung zu sein und den Blickkontakt zum Partner und zum Ball nicht zu verlieren

75 Viele Zweiergruppen spielen sich in schmalen Gassen durch die Halle den Ball aus der Bewegung zu; dabei haben sie die Aufgabe, untereinander die Lauf- und Ballwege möglichst häufig zu kreuzen; im „Gewirr" der Bälle und Spieler müssen sich die Spieler durchfinden, den Partner sehen, den eigenen Ball beobachten und den Ball möglichst lange weiterspielen

Welche Fehler müssen beim unteren Zuspiel vermieden werden?

Die Fehler beim unteren Zuspiel sind häufig auf ähnliche Ursachen zurückzuführen wie beim oberen Zuspiel, weil der Bewegungsablauf sehr ähnlich ist und auch die Spielsituationen, in denen Fehler gemacht werden, miteinander vergleichbar sind. Die fehlende Koordination der Teilbewegungen und das unkontrollierte Annehmen des Balles sind die häufigsten Fehler: man hat dann nicht früh genug die notwendige Spielstellung hinter und unter dem Ball eingenommen. In den folgenden Fehlerbildern werden solche Fehler nicht gezeigt, die zur regelwidrigen Ballbehandlung führen, wie etwa Doppelschlag der beiden Arme nacheinander oder Rollen des Balles über die Arme (Führen bzw. Halten des Balles). Zur Korrektur dieser Fehler sollte die motorische Grobform des Baggers in Einzelarbeit wiederholt werden.

Fehlerbilder	Beobachtung/Ursachen/Folgen	Korrektur
	Aufgrund fehlender Spielstellung fehlen Hauptmerkmale der Bewegung (Knie und Ellenbogen), der Ball prallt lediglich von den Armen ab oder verursacht einen Doppelschlag.	Einnahme der Spielstellung ohne und mit Ball üben, timing mit Hilfe zwischengeprellter Bälle erlernen; Hilfsübung mit Stuhl; Übungsformen: 63, 64, 67

Fehlerbilder	Beobachtung/Ursachen/Folgen	Korrektur
	Der Ball wird ohne Beinarbeit durch Schlagen mit den Armen gespielt, daher hartes und ungenaues Zuspiel.	Betontes Strecken der Beine, dabei ungefähr rechtwinklige Stellung zwischen Oberkörper und gestreckten Armen beibehalten, Bälle mit hoher Flugkurve annehmen; Übungsformen: wie Abb. 42; 61
	Arme sind gebeugt und der Ball prallt senkrecht nach oben ab.	Gestreckte Arme und Schultern nach vorne gegen den Ball schieben; Hilfsübung mit Stuhl; Übungsformen: 61, 66, 67

Wie kann man das technische Fertigkeitsniveau des unteren Zuspiels überprüfen?

Bei den großen Ähnlichkeiten zwischen den Bewegungsabläufen im oberen und unteren Zuspiel kann das Überprüfen des Fertigkeitsniveaus im Baggern mit einem Beobachtungsbogen erfolgen, der fast die gleichen Merkmale erfaßt wie für das Pritschen. Unterschiede bestehen lediglich in der Spielstellung (4) und im Augenblick der Ballberührung (7 und 8) (vgl. dazu S. 29–31).
Um das individuell-taktische Verhalten eines Spielers beurteilen zu können, sollten die Beobachtungen wiederum in Übungsformen oder im Kleinfeldspiel erfolgen. Dabei können in einer Variante zu der auf Seite 31 beschriebenen Übung (vgl. Abb. 30) oberes und unteres Zuspiel für je einen Spieler sogar gleichzeitig beobachtet werden.
Im gegenüberliegenden Feld sind die Positionen II und IV besetzt, von denen aus wechselweise frontal über das Netz hoch in die Räume von Pos. I und V gepritscht wird. Nach jedem Abspiel läuft der zu beobachtende Spieler A von der Pos. VI in die angespielte Pos. (Abb. 52 a) und baggert von dort zielgenau und hoch auf die Pos. III. Dieses untere Zuspiel wird von Spieler B erlaufen und auf Spieler C hoch und zielgenau

Beobachtungsmerkmale

1 spiel- und bewegungsbereite Hand- und Beinstellung

2 Lauf hinter und unter den Ball

3 Breitenachse quer zur Abspielrichtung

4 Einnahme der vorbereitenden Spielstellung

5 sicherer Stand vor dem Abspiel

6 zeitlich richtiger Beginn der Beinstreckung

7 Schultern und Arme nach vorn gestreckt

8 daumenseitige Unterarmkanten treffen den Ball nahe den Handwurzeln

9 nach Ballkontakt Fortsetzung der Körperstreckung bei festgestellten Schultergelenken

10 Zielgenauigkeit

(51) Beobachtungsbogen zum unteren Zuspiel (vgl. S. 29 ff.). Vollständig ausgeführte Beobachtungsbögen liegen hierzu in Form von Abreißblöcken vor (vgl. „Arbeitsblätter für Volleyballspieler").

im oberen Zuspiel weitergespielt. Sind A und B auf die Pos. VI bzw. II zurückgekehrt, erfolgt das nächste Anspiel (52 b).

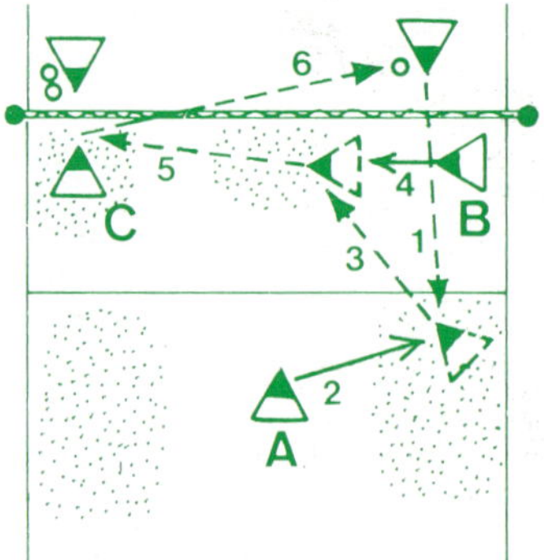

(52 a)

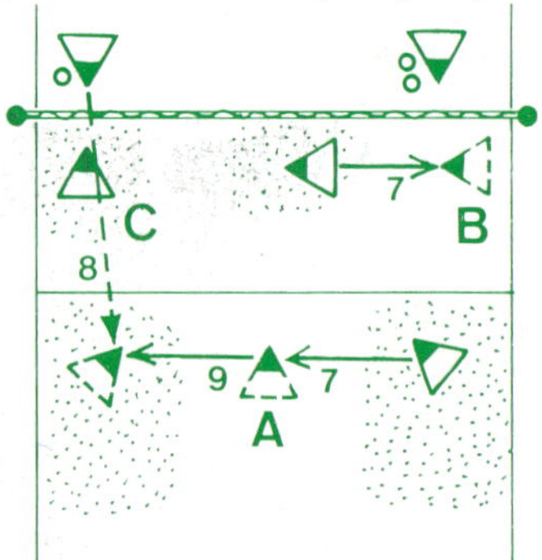

(52 b)

Wann wird das einarmige Zuspiel im Fallen seitwärts gespielt, und wie sieht der Bewegungsablauf aus?

In Übungsformen zum Erlernen des Baggers und bei der Anwendung dieser Technik im Kleinfeldspiel wird der Ball häufig aus dem Laufen heraus gespielt. Der Spieler hat oft keine Zeit mehr, um vorher die angemessene Spielstellung einzunehmen. Der Ball prallt dann häufig von den Armen ab, weil man sich kaum auf den anfliegenden Ball eingestellt hat. Weiterhin gibt es viele Situationen, in denen die Bälle seitlich vom Spieler in Hüfthöhe oder noch niedriger zugespielt werden. Um in solchen Situationen den Ball noch effektiv weiterspielen zu können, empfiehlt sich das sog. *einarmige Zuspiel im Fallen seitwärts,* auch *Japanrolle genannt.*

Die Hauptmerkmale der Bewegung des einarmigen Zuspiels im Fallen seitwärts sind nach der räumlich-zeitlichen Strukturanalyse:

a) der weite Ausfallschritt und
b) die Schöpfbewegung des ballspielenden Armes.

(53)

Lernhilfen zum einarmigen Zuspiel im Fallen

	1–2	3	4	5–6
Schlaghand	. . . und führe den Außenarm schwungholend nach hinten	ich schwinge den Schlagarm nach oben-vorne gegen den Ball und treffe den Ball bei gestrecktem Ellenbogen mit der Hand, Handwurzel oder der Innenseite des Unterarmes		nach dem Hochschlagen des Balles rolle ich über die
Schlagarm				
Schultern				
Hüfte	nach mehreren schnellen Schritten zum Ball komme ich mit einem weiten und flachen Ausfallschritt in die Nähe des Balles . . .	dann schiebe ich das Knie über die Fußspitze nach vorne unten, so daß das Gewicht über dem Fuß liegt	kurz vor der Ballberührung drehe ich mich auf dem Fußballen nach außen-seitwärts und senke mich auf die Hüfte ab	Schultern bremsend auf den Rücken ab und stehe schnell wieder auf
Ausfallbein				
Fuß des Ausfallbeines				
Fuß des ballfernen Beines				
Handgelenk Schlagarm				
Ellenbogengelenk Schlagarm				
Schultergelenk Schlagarm	rückwärts – seitwärts – abwärts	vorwärts	– aufwärts	
Schultergelenk freier Arm	vorwärts – seitwärts	rückwärts	– seitwärts	
Hüftgelenk				
Kniegelenk Ausfallbein				
Kniegelenk ballfernes Bein				
Fußgelenk Ausfallbein				
Fußgelenk ballfernes Bein				

Welche Übungsformen sind für das Erlernen des einarmigen Zuspiels im Fallen seitwärts geeignet?

Um den Bewegungsablauf der „Japanrolle" technisch einwandfrei und ohne Verletzungsgefahr durchzuführen, muß man den Oberkörper weit nach vorne über das Ausfallbein bringen. Das Aufwärmen ist dafür eine notwendige Vorbereitung, damit eine Flexibilität der Gelenke und Dehnung der Muskulatur der Beine erreicht wird. Dadurch wird es auch möglich, mit der Ausfallbewegung so weit in Bodennähe zu gelangen, daß beim Abrollen kaum noch eine Fallbewegung auftritt. Eine dünne Matte/Mattenbahn kann am Anfang die Knie und Hüfte bei der Bodenberührung schonen.

Übungsformen

76 Zickzacklauf mit Ausfallschritt und schwungholendem Zurückführen des Schlagarmes

77 Partner wirft dem Spieler niedrige „Bogenlampen" seitlich stark versetzt zu; Ball wird nach dem Zwischenprellen im Seitwärtsrollen hochgespielt (vor der Ballberührung zum Zielpunkt drehen, nach der Ballberührung Ball beobachten und nicht auf dem Boden weiterdrehen)

78 A wirft in die Richtung Position I und V im Wechsel; B steht in der Mitte des Feldes und spielt ins eigene Feld hoch zurück (je nach Können mit Zwischenprellen) (54); Variante: eng an das Netz auf Position II und IV werfen; mittlere Position ist doppelt zu besetzen; A spielt die Bälle bis über die Feldaußenlinie und C folgt B, um dessen ungenau gespielte Bälle zu sichern bzw. um zu helfen

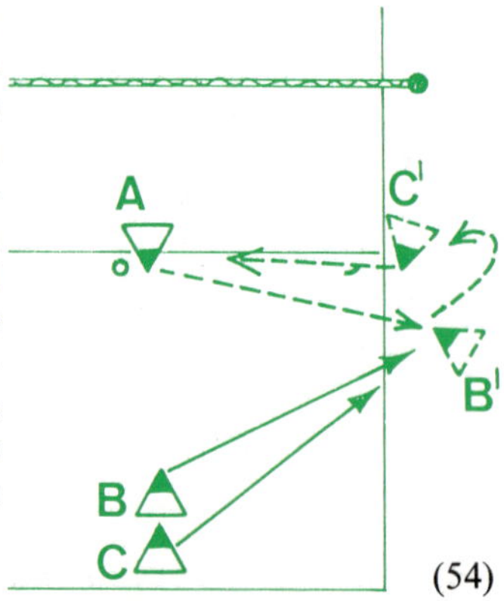

(54)

Wann sollte der Hechtbagger gespielt werden und wie läuft der Bewegungsablauf im einzelnen ab?

Manchmal wird der Ball so weit und so niedrig vor einen Spieler gespielt, daß dieser den Ball nicht mehr für ein Weiterspiel erreichen kann. Auch für einen kurzen Sprint zum Ball ist die Zeit oft zu kurz. Weiterhin gibt es Situationen, in denen z. B. aufgrund von Mißverständnissen unter den Spielern sehr spät reagiert wird und dann der Ball zu Boden fällt, weil keine Technik angewendet wird, die zwar ein verspätetes aber dennoch erfolgreiches Erreichen des Balles ermöglicht.

Für die Lösung solcher Situationen, die das sehr schnelle Überwinden einer kurzen Distanz und das Treffen des Balles in einer sehr geringen Höhe über dem Boden verlangen, gibt es eine Technik, mit der das regelgerechte und erfolgreiche Weiterspielen erfüllt werden kann: das einarmige Zuspiel von unten im Fallen vorwärts, auch „Hechtbagger" genannt.

Die Hauptmerkmale im Bewegungsablauf des Hechtbaggers sind nach der räumlich-zeitlichen Strukturanalyse:

a) die Beugung des Standbeines, Streckung der Beine in den flachen, weiten Absprung

b) das Hochschlagen des Balles mit dem Handrücken

c) die Überstreckung in der Hüfte und

d) Einknicken in den Ellenbogen mit gleichzeitigem Durchschieben des Oberkörpers.

Hat der Spieler die Flugbahn des Balles früh genug erkannt und springt er weit genug ab, dann kann er nahezu jeden Ball weiterspielen. Allerdings gilt für den Hechtbagger das gleiche wie für das einarmige Zuspiel im Fallen seitwärts: der vergrößerte Aktionsradius wird erkauft auf Kosten eines ungenauen Weiterspielens. Deshalb ist ein sicheres unteres Zuspiel nach einer schnellen Einnahme der Spielstellung immer effektiver als ein verspäteter und spektakulärer Hechtbagger.

(55)

Lernhilfen zum Hechtbagger

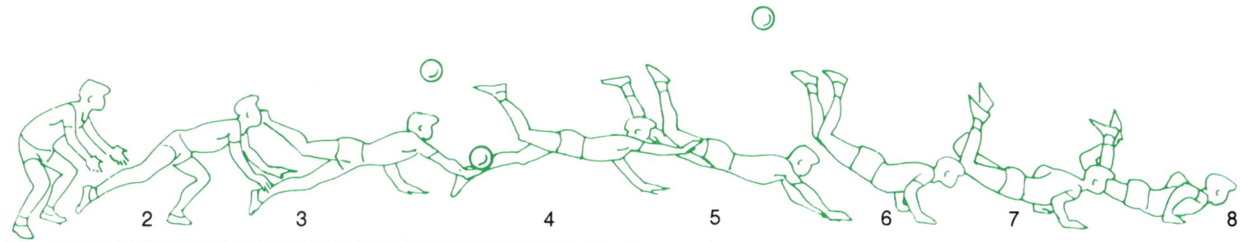

	1–2	2–3	3–4	4–5	5–6	6–7	7–8
Hände	ich erwarte den Ball in tiefer Spielstellung und Körper-vorlage	strecke die Arme weit nach vorne und die Hüfte in Sprung richtung	bevor der Ball zu Boden fällt, schlage ich ihn mit einem Handrücken nach oben	gleichzeitig oder unmittel-bar danach stütze ich mich mit der freien Hand weit vorne auf dem Boden ab	die Schlag-hand setze ich schnell nach	lande ich nacheinander auf Brust, Bauch und Oberschenkeln und schiebe meinen Körper zwischen den aufgesetzten Händen kräftig nach vorne durch	
Arme							
Schultern					in starker Bogenspannung		
Hüfte							
Standbein		aus dem Vorwärtslaufen springe ich über das vordere Bein kräftig und flach gegen den anfliegenden Ball		und schwinge die Unterschenkel in Richtung auf den Rücken			
Schwungbein							
Fuß des Standbeines							
Fuß des Schwungbeines							
Handgelenke							
Ellenbogen-gelenke							
Schultergelenk Schlagarm	aufwärts	–	vorwärts		abwärts		
Schultergelenk freier Arm	aufwärts	–	vorwärts	abwärts			
Hüftgelenk							
Kniegelenk Standbein							
Kniegelenk Schwungbein							
Fußgelenk Standbein							
Fußgelenk Schwungbein							

Wie sollten Übungsformen für den Hechtbagger vorbereitet werden?

Die schwierige Phase im Bewegungsablauf des Hechtbaggers ist das Abfangen der Fallbewegung. Denn es muß gelingen, die Fallbewegung (vertikale Richtung) in eine Vorwärtsbewegung (horizontale Richtung) umzusetzen. Manchen Spielern fehlt der Mut für das Abspringen und Fallen im Bewegungsablauf, weil sie Angst vor der Flugphase und dem Abfangen der Fallbewegung haben. Folgende Maßnahmen können die Angst vor der Landung nehmen und auch mögliche Verletzungsgefahren ausschalten, wobei in den ersten Vorübungen und Übungsformen die Hinzuziehung einer dünnen Matte empfohlen wird:

1. Um eine Landung auf der Brust zu ermöglichen, muß die Hüfte höher als der Oberkörper angehoben werden. Dazu steht der Spieler in der Ausgangsstellung mit stark gebeugten Knien, angewinkelten Ellenbogen und überstreckten Handgelenken in leichter Körpervorlage auf den Fußspitzen (vgl. Abb. 56 a). Ohne die Winkelstellungen zu verändern, springt er nun von den Füßen auf die stützenden Handflächen (dabei liegt die Beckenachse höher als die Schulterachse [56 b]). Danach erfolgt sofort wieder die Einnahme der Ausgangsstellung.

2. Die Landung sollte noch ohne Vorwärtsbewegung geübt werden. Nach dem Sprung auf die stützenden Handflächen knicken die Arme in den Ellenbogen schnell ein. Man kann die Vorwärts-Abwärtsbewegung dadurch verstärken und erleichtern (Zehen berühren dann nicht den Boden), wenn mit stark gebeugten Knien die Füße in Richtung auf den Rücken geschwungen werden. Der Kopf wird in den Nacken gelegt und die Landung erfolgt bei starker Bogenspannung auf dem Oberkörper (56 c). Wie eine Schaukel wird nun über Bauch und Oberschenkel abgerollt (56 d).

3. Die Fallbewegung kann verlangsamt werden, wenn der Fallimpuls in einen Gleitimpuls umgesetzt wird. Dazu greifen

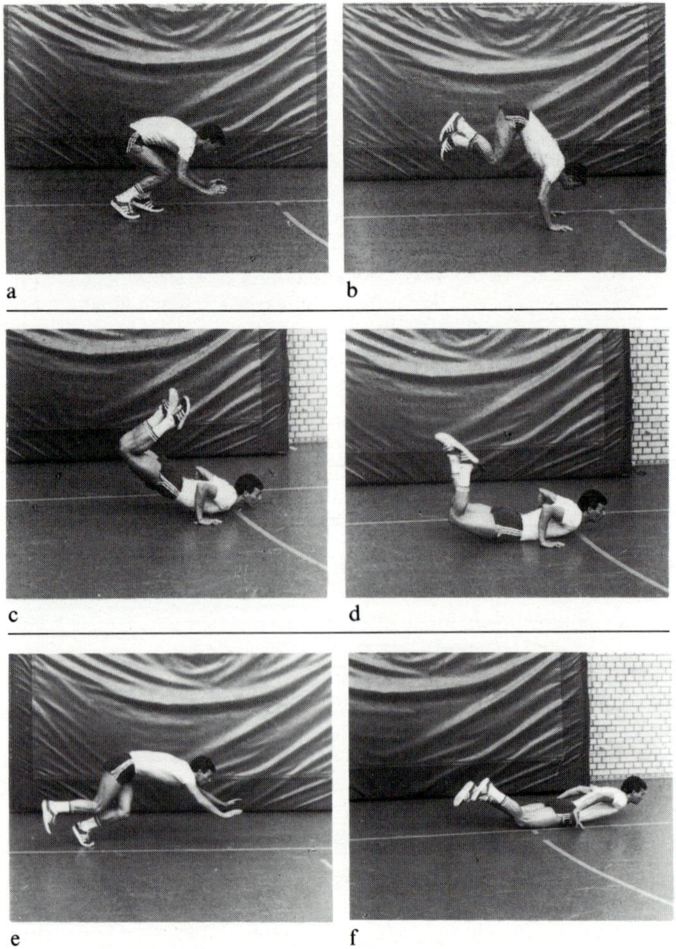

(56) Fallbewegung und Landung beim Hechtbagger

aus der „Fertig-Stellung“ die Arme weit vor den Körper (56 e) und versuchen den Körper so weit zwischen sich durchzuschieben, bis sie nach hinten durchgestreckt sind und sich etwa auf Hüfthöhe vom Boden lösen (56 f). In dieser „Rutschphase“ berühren die Füße fast das Gesäß.

Übungsformen für Einzelspieler

79 aus der „Fertig-Stellung“ mit Anfersen der Beine und Absenken des Oberkörpers auf die Brust Hechtbagger nach rechts und links; Variante: im Flug Ausführen der Schlagbewegung durch die ballspielende Hand

80 einen kleinen Ball in der Hand oder einen größeren zwischen den Handflächen halten und vor der Landung aufwärts-vorwärts schleudern

81 nach einigen kurzen Anlaufschritten den Hechtbagger ohne Ball ausführen

82 mit Ball an das Netz laufen, hochspringen und den Ball auf die gegenüberliegende Angriffslinie fallen lassen; unter dem Netz durchlaufen und den vom Boden abprallenden Ball im Hechtbagger hochspielen

Übungsformen für zwei Spieler

83 der Ball wird 3–6 m vom Partner entfernt fallen gelassen (auch seitlich), den vom Boden abprallenden Ball soll der Partner im Hechtbagger weiterspielen

84 jeder Spieler hat einen Ball, beide Partner pritschen sich gleichzeitig schräg rechts oder links zur Seite den Ball zu, jeder spielt den Ball des Partners im Hechtbagger weiter (57)

85 jeder Spieler hat einen Ball, beide Partner stehen sich versetzt gegenüber und spielen sich selbst einen kurzen Paß nach vorne, der dann schräg rückwärts über den Kopf gepritscht wird, so daß jeder Spieler nach einem kurzen Laufweg den Ball im Hechtbagger wieder erreichen kann; fortgeschrittene Spieler sollten nach dem Zuspiel über den Kopf noch eine Zusatzaufgabe ausführen (z. B. Hocke) (58)

86 mit Netz: während ein Spieler in tiefer Spielstellung im Angriffsraum den Ball erwartet, wirft der Partner von der gegenüberliegenden Angriffslinie den Ball flach zur Mittellinie; Zurückspielen des Balles im Hechtbagger

Übungsformen für drei und mehr Spieler

87 im gleichseitigen Dreieck wird der Ball häufig und absichtlich so kurz gespielt, daß der Ball nur mit einem Hechtbagger weitergespielt werden kann

88 im Hinterfeld sollen die Bälle (für Anfänger nach einem Zwischenprellen) abwechselnd rechts und links mit dem Hechtbagger abgewehrt werden

89 ein Spieler wirft den Ball niedrig über das Netz in die Angriffszone: die Bälle werden von den Spielern auf der Position VI abgewehrt (59)

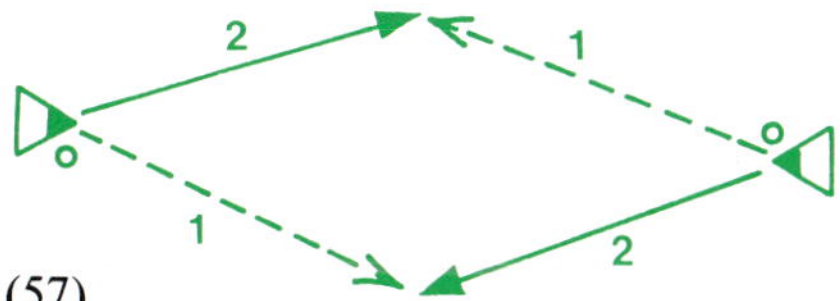

(57)

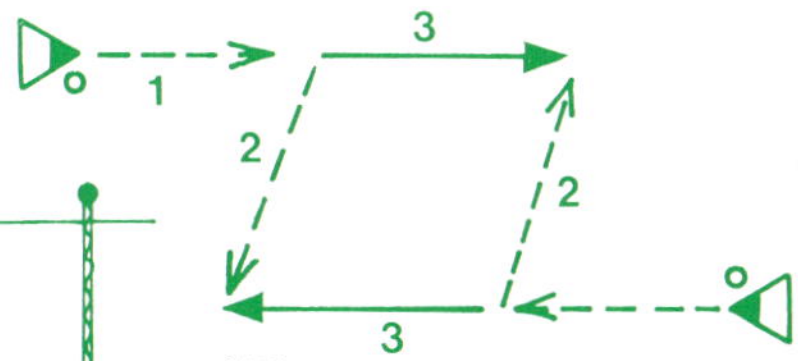

(58)

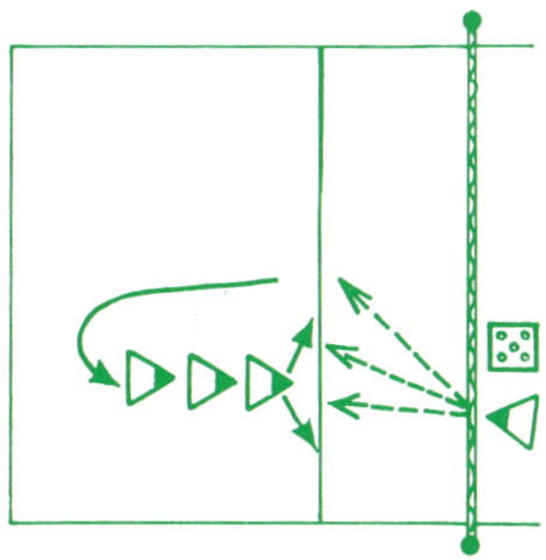
(59)

3. Aufschlag von unten

Warum soll der Anfänger den Ballwechsel mit dem Aufschlag von unten eröffnen, und wie sieht der Bewegungsablauf aus?

Ein Ballwechsel kann eröffnet werden, indem der Spieler einer Mannschaft den Volleyball sich selbst hochwirft und über das Netz in das gegenüberliegende Feld pritscht. Das wird aber schwieriger, wenn der Ball nicht nur kurz über das Netz, sondern weit in das gegenüberliegende Feld gespielt werden soll. Außerdem ist das Pritschen als Spieleröffnung noch keine Lösung dieser Spielsituation, wie sie für das Volleyballspiel typisch ist. Dafür gibt es eine eigene Technik, die gegenüber dem Pritschen dem Ball mehr „Kraft" gibt und weite Ballwege ermöglicht: der Aufschlag von unten, die am leichtesten zu erlernende Aufschlagtechnik (Abb. 61).

Die Hauptmerkmale im Bewegungsablauf des Aufschlags von unten sind nach der räumlich-zeitlichen Strukturanalyse:

a) das Treffen des Balles mit der angespannten und leicht gewölbten Handfläche und

b) das geradlinige Schwingen des Schlagarmes.

Auf den Spieler im anderen Feld fliegen die mit einem Aufschlag in das Spiel gebrachten Bälle allerdings härter und schneller zu als nach einem oberen Zuspiel. Dadurch werden die Ballannahme und das zielgenaue Weiterspielen des Balles erschwert. Deshalb sollte der Aufschlag so genau in das gegenüberliegende Feld gespielt werden, daß der Ball dort auch möglichst sicher und genau angenommen werden kann.

Welche Regeln müssen beim Aufschlag beachtet werden und wie kann der zielgenaue Aufschlag geübt werden?

Eine hohe Flugkurve des Balles erleichtert die Ballannahme und das Weiterspielen im anderen Feld. Deshalb wird beim Erlernen des Aufschlags das Netz auf dem Kleinfeld möglichst hoch gespannt. Für die technische und taktische Ausführung des Aufschlags gelten besondere Regeln:

„Der Aufschlag ist das Hineinspielen des Balles aus dem Aufgaberaum über das Netz in das Feld des Gegners. Er wird vom rechten Grundspieler ausgeführt. [...] Der Ball darf mit offener oder geschlossener Hand oder mit dem Arm geschlagen werden. Beim Aufschlag ist der Ball hochzuwerfen oder die ihn haltende Hand wegzuziehen. [...] Der Aufschlag muß innerhalb von 5 Sekunden nach dem Pfiff des Schiedsrichters ausgeführt worden sein. [...]

Der Aufschlag ist ausgeführt, wenn der Ball geschlagen (berührt) worden ist. Der Spieler muß sich im Augenblick der Ballberührung hinter der Grundlinie [...] und zwischen den seitlichen Begrenzungslinien des Aufschlagraums befinden. [...] Nach dem Aufschlag darf er das Spielfeld sofort betreten.

Der Aufschlag ist gültig, wenn der richtig geschlagene Ball das Netz innerhalb der Seitenstreifen [...] überfliegt, ohne es zu berühren.

Der Aufschlag wird so lange von demselben Spieler fortgesetzt, bis seine Mannschaft einen Fehler macht." (Regel 13)

Ebenso wichtig wie die Einhaltung der Regeln für den Aufschlag ist das zielgenaue Anspielen einer Position im gegenüberliegenden Feld. Gelingt dies dem Spieler nicht, so wird schon bei der Spieleröffnung durch seinen ungenauen Aufschlag das Spielziel erschwert, den Ball in der Luft zu halten. Für die Flugrichtung des Balles ist die Stelle, an der die Hand den Ball trifft, von besonderer Bedeutung.

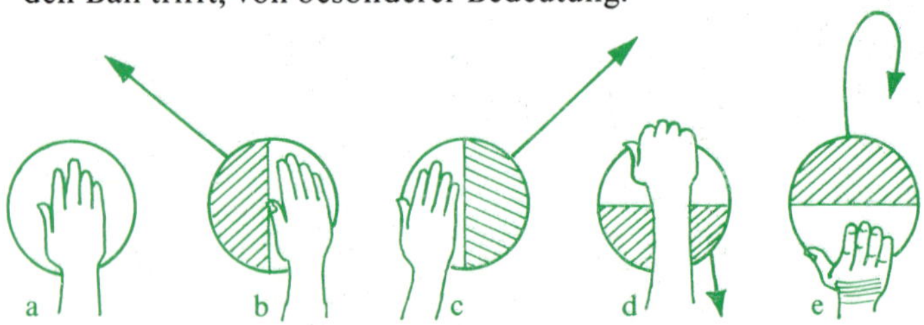

(60) Treffflächen am Ball und ihre Auswirkungen auf die Flugkurve

Das zielgenaue Anspielen einer Position im gegenüberliegenden Feld ist nur möglich, wenn beide Hauptmerkmale der Be-

(61)

Lernhilfen zum Aufschlag von unten

	1	2	3	4	5	6	7	8	9
Schlaghand		dann führe ich die Schlaghand mit geschlossener Fingerstellung und gewölbter Handfläche geradlinig am Oberschenkel vorbei nach hinten			führe den Schlagarm gestreckt und geradlinig am Oberschenkel vorbei nach vorne-oben			und treffe den angeworfenen Ball mit der gewölbten Handfläche etwa in Hüfthöhe und bei leichter Körpervorlage,	dann versuche ich, die Anfangsgeschwindigkeit und Flugrichtung des Balles durch Hinterherstrecken des Schlagarmes und Körpers zu kontrollieren
Schlagarm									
Schulter des Schlagarmes	in leichter Schrittstellung halte ich den Ball mit etwas angewinkeltem Arm vor dem Oberkörper				ich werfe den Ball ganz niedrig an,				
ballhaltende Hand									
Hüfte		durch leichtes Beugen und Strecken in der Hüfte und in den Kniegelenken unterstütze ich das Schwungholen des Schlagarmes							
Beine									
Füße									
Handgelenke					angespannt				
Ellenbogengel. Schlagarm									
Ellenbogengel. freier Arm									
Schultergelenk Schlagarm			abwärts –	rückwärts		vorwärts	–		aufwärts
Schultergelenk freier Arm							rückwärts		
Hüftgelenk									
Kniegelenke									
Fußgelenke									

wegung, die Schlagvorbereitung durch das geradlinige Schwingen des Schlagarms und das genaue Treffen des Balles, geübt werden. Ohne Effet und mit einer für den Spieler im anderen Feld leicht zu berechnenden Flugbahn kann der Ball dann gespielt werden, wenn beim Aufschlag der Ball, wie in (60 e) dargestellt, getroffen wird.

Übungsformen

90 auf einer Linie stehend den Ball über kurze Entfernungen (3–4 m) gegen eine etwa 2 m hohe Markierung an der Wand aufschlagen (Ball soll nach Wiederaufprellen vom Boden ohne Platzänderung mit den Händen gefangen werden können); die Entfernung vergrößern und die Markierung erhöhen, sobald der Ball mehrmals hintereinander gefangen wird

91 den Aufschlag aus der Mitte des Feldes in die ausgestreckten Arme des hinter dem Netz erhöht stehenden Partners zielen; flache Kurve über das Netz; Entfernung zum Netz bis hinter die Grundlinie vergrößern

92 Spielfeld in kleine Felder aufteilen, die getroffen werden müssen; Variante: dabei festgelegte Reihenfolge einhalten (62)

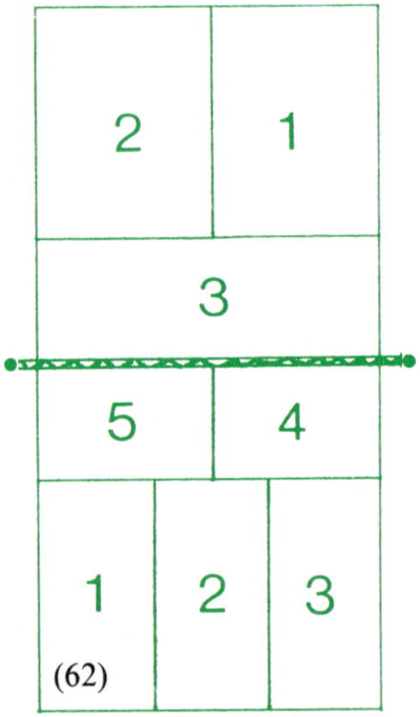

(62)

93 vor jedem Aufschlag wird eine Zusatzaufgabe gelöst (zur Angriffslinie hüpfen, zum Basketballkorb springen, Hechtbagger ausführen usw.)

94 zwei Spieler schlagen sich innerhalb schmaler Gassen den Ball von den Grundlinien aus zu

Mit welchen Übungsformen kann man den Aufschlag von unten zusammen mit der Annahme des Aufschlags erlernen?

Für den Anfänger empfiehlt sich das Üben des Aufschlages über verkürzte Entfernungen mit vielen Wiederholungen (z. B. auf dem Kleinfeld). Kurze Aufschläge erfordern nur einen relativ geringen Kraftaufwand und die Bewegungen können leichter kontrolliert werden. Wenn die Mehrzahl der Aufschläge auf dem Kleinfeld schon in schmale Zielräume geschlagen werden kann, sind Übungsformen zur Verbindung von Aufschlag und Ballannahme sinnvoll. Die Annahme sollte stets im unteren Zuspiel geschehen.

Übungsformen

95 paarweise jeweils in Feldmitte stehend, Aufschlag über das Netz und die Annahme im Bagger hoch vor an das Netz spielen; Variante: Entfernung allmählich bis zu den Grundlinien vergrößern

96 Üben der Annahme: Position III pritscht auf Position IV und diese über das Netz auf Position VI, Annahme im Bagger zur Position III; Varianten: im eigenen Feld nachlaufen und auf Position VI anstellen; auch in das andere Feld nachlaufen; anstelle Position IV über Position II spielen (63)

97 Annahme des Aufschlags zu dritt auf den Positionen IV, V und VI, Bagger auf Position III (64)

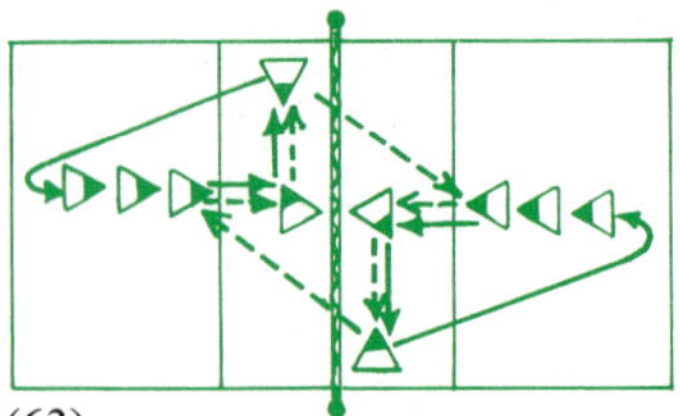
(63)

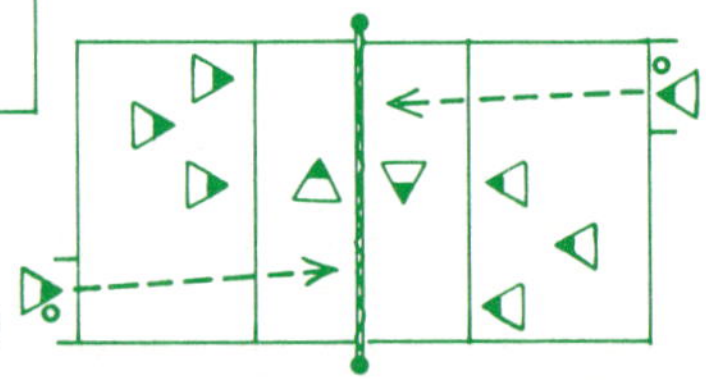
(64)

98 Annahme zu dritt auf den Positionen IV, V oder VI, Bagger auf Position III, hohes Zuspiel auf Position IV oder II und von dort über das Netz zurückpritschen; Variante: Annahme auf den Positionen II, I und VI (65)

99 Feld längs halbiert und Annahme zu zweit auf den Positionen V und VI, Bagger auf Position III, die nach außen pritscht; Spieler auf der Position V pritscht im Sprung ins gegenüberliegende Feld zurück; Variante: ohne Zuspiel auf Position III (wer nicht angenommen hat, wird Zuspieler) (66)

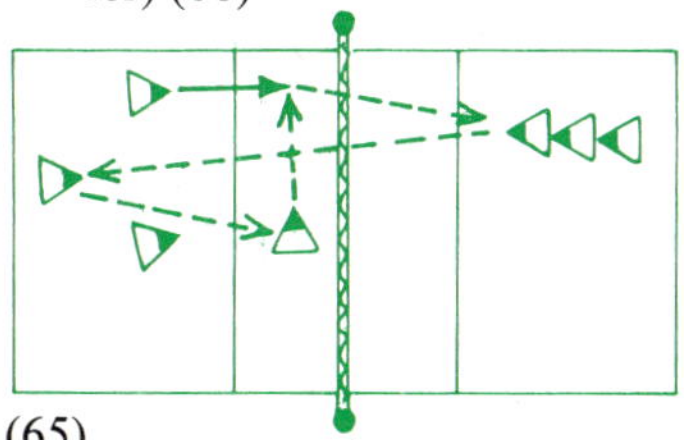

(65)

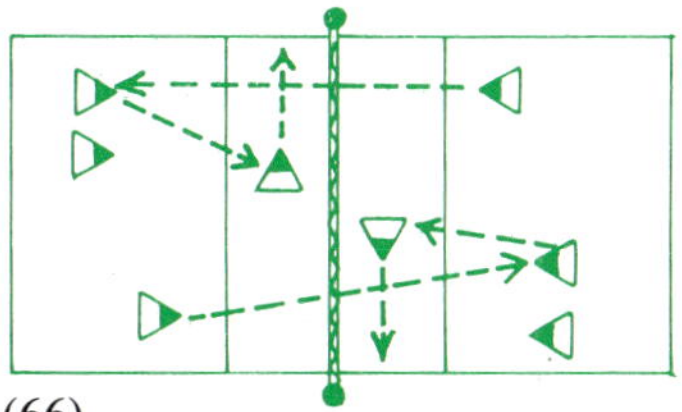

(66)

100 Aufschlag entsprechend dem Könnensstand aus dem Aufschlagraum oder aus dem Feld schlagen; Ballannahme von dem Spieler auf der Position VI, Weiterspiel zur Position III, die den Ball einmal zwischenspielt, danach fängt und mit dem Ball sich hinter der Aufschlagreihe anstellt; nach der Aufgabe und Annahme läuft jeder Spieler dem von ihm gespielten Ball nach; Positionen können mehrfach besetzt werden, um Leerlauf zu vermeiden; Varianten: auch Position I und V besetzen; nacheinander Position I, VI und V besetzen, um die Vielfalt der Spielmöglichkeiten langsam zu erhöhen; Zuspiel von Position III parallel zum Netz auf Position IV oder über Kopf nach hinten auf Position II; diese Zuspiele werden von den Spielern auf den Positionen I und V erlaufen und im Sprung gefangen

Organisationsformen für spielnahe Übungen

101 zielgenauer Aufschlag zum hinteren Spieler, der an das Netz baggert; Netzspieler erläuft den Ball, pritscht sich den Ball selbst hoch, fängt ihn auf und rollt den Ball zum Aufschläger zurück (67 a)

102 beide Spieler nehmen in etwa 3 m Entfernung voneinander stehend den Aufschlag an; der nicht angespielte freie Spieler erläuft den Bagger und pritscht zum Aufschläger zurück, der den Ball fängt (67 b)

103 wie zuvor als Spiel 2 gegen 2 (67 c); wie zuvor als Spiel 3 gegen 3: Anwendung der bisher erlernten Techniken unter besonderer Berücksichtigung des Aufschlags und der Annahme des Aufschlags (vgl. 67 d)

Alle zuvor genannten Organisationsformen und Übungen können abgewandelt auch auf dem Normalfeld gespielt werden (67 e, vgl. S. 52).

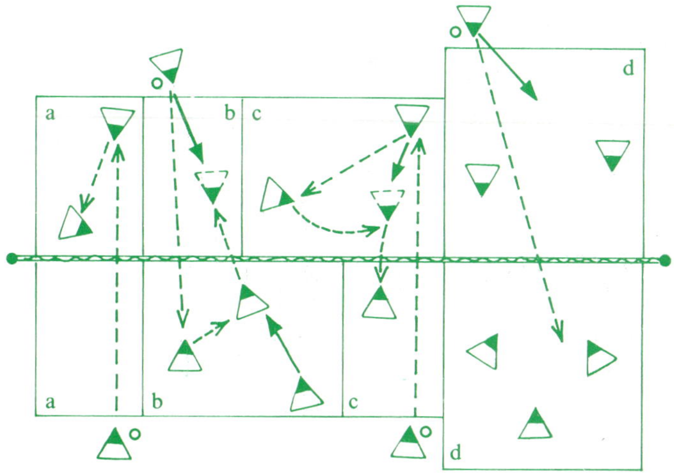

(67) Beispiele für Feldaufteilungen und differenzierte Aufgabenstellungen

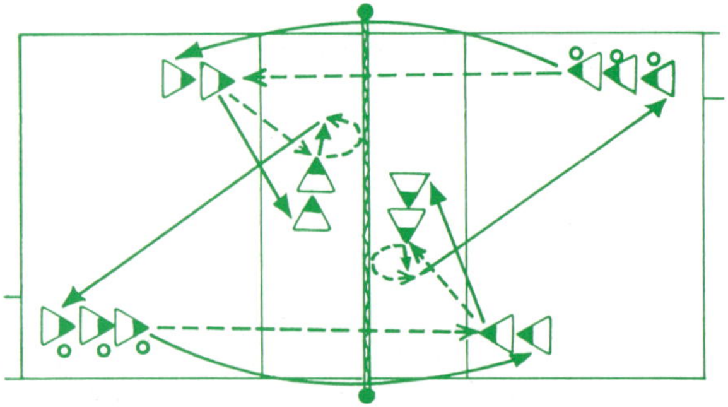

(67e)

Welche Fehler müssen beim Aufschlag von unten vermieden werden?

Der Aufschlag ist die Technik im Volleyballspiel, deren Bewegungsausführung durch das Regelwerk am wenigsten bestimmt ist. Bei dem Ziel „Ball in der Luft halten" muß der Bewegungsablauf so ausgeführt werden, daß der aufschlagende Spieler möglichst genau einen seiner Partner im gegenüberliegenden Feld anspielt. Das kann man erreichen, wenn

Fehlerbilder	Beobachtung/Ursachen/Folgen	Korrektur
	Der aufschlagende Spieler steht schräg zur Aufschlagrichtung; mit der kreisförmigen Ausholbewegung kann der Ball nicht zielgenau geschlagen werden.	Geradlinige Ausholbewegung schulen: dazu Armführung über einer auf dem Boden gezogenen Linie üben, ohne dabei Hüfte, Schulter und Schlagarm zu verdrehen; Übungsformen 90, 91.
	Der Ball wird zu dicht am Körper angeworfen und deshalb mit angewinkeltem Arm geschlagen, die Flugbahn geht steil nach oben.	In Körpervorlage den Ball bei nur leicht angewinkeltem Arm fallen lassen und Schlagarm gestreckt nach vorne-oben schwingen (Netz flach gespannt und weit entfernt); Zielaufschläge gegen die Wand.

Fehlerbilder	Beobachtung/Ursachen/Folgen	Korrektur
	Die Schlaghand ist weder gewölbt noch angespannt; ohne kräftigen Impuls fällt der Ball frühzeitig zu Boden.	Finger schließen, das Handgelenk anspannen und „Wasserschöpfen"; Übungsformen 94, 96.

der Ball richtig getroffen wird (vgl. Abb. 60, Bilder S. 48) und der Armschwung beim Aufschlag so ausgeführt wird, daß die Flugkurve des Balles einem „schiefen Wurf" ähnelt. Diese Flugkurve ist vom annehmenden Spieler am leichtesten zu berechnen.

Welche Regeln sollten für das individuell-taktische Verhalten beim Aufschlag von unten und bei der Annahme dieses Aufschlags beachtet werden?

Sein individuell-taktisches Können zeigt ein Spieler, wenn er jeweils der Spielsituation entsprechend seine technischen Fertigkeiten einsetzt. Der taktische Einsatz einer Technik ist aber auch abhängig vom Spielziel. Die folgenden Hinweise sollen eine Hilfe sein, die Spielfähigkeit für alle beteiligten Spieler zu verbessern, indem der Ball möglichst lange „in der Luft gehalten wird". Diese Hinweise gelten unabhängig von Spielerzahl und Spielfeldgröße.

Bei der Ausführung des Aufschlages:

1. Auf die Ausführung des Aufschlages konzentrieren (5 Sekunden Zeit) und den Ball genau vor die Schlaghand niedrig anwerfen
2. Die Spielfeldfläche im gegenüberliegenden Feld treffen, die durch einen Spieler besetzt ist; das ist in der Mitte des Hinterfeldes
3. Möglichst nicht mehrmals hintereinander auf den Spieler aufschlagen, der schlecht oder fehlerhaft den Ball angenommen hat.

Bei der Annahme des Aufschlages:

1. Das untere Zuspiel anwenden, weil damit auch schnell und aus größerer Höhe anfliegende Bälle regelgerecht weitergespielt werden können
2. Den aufschlagenden Spieler beobachten und frühzeitig die Flugbahn des Balles und den voraussichtlichen Treffpunkt im Feld erkennen
3. Vor der Ballannahme spielbereit sein; keine tiefe Hocke, weil dann nur eine langsame Bewegung möglich ist
4. Bei der Aufstellung zur Ballannahme bedenken, daß man schneller vor- als zurücklaufen kann
5. Schon bei der Erwartung des Aufschlages die Beckenachse quer zur Abspielrichtung stellen, d. h. man hat auf der Position V bereits den linken Fuß vorgestellt bzw. auf der Position I den rechten Fuß vorgestellt

6. Mit dem Nebenmann/Vordermann durch Zuruf verständigen, wenn der Ball nicht genau und eindeutig auf einen Spieler zufliegt
7. Die Annahme so hoch und nah an das Netz baggern, daß der Spieler am Netz den Ball im oberen Zuspiel sicher weiterspielen kann.

Wie kann man das technische Fertigkeitsniveau beim Aufschlag von unten und die Effektivität der Annahme des Aufschlags überprüfen?

Das sichere Beherrschen des Aufschlags und seiner Annahme sind eine wichtige Voraussetzung, um ein kontinuierliches Spiel zu erreichen. Vom Spielziel und von der Spielsituation aus gesehen ist deshalb eine Erfolgskontrolle sinnvoll, die den Aufschlag und seine Annahme als eine Einheit betrachtet. Da der Spieler zur Ausführung des Aufschlages 5 Sekunden Zeit hat, sollten Beobachtungs- bzw. Testverfahren diese notwendige Konzentrationszeit auch nicht einschränken. Der Bewegungsablauf für den Aufschlag kann wie beim Pritschen und Baggern mit einem Beobachtungsbogen kontrolliert werden (vgl. dazu S. 29–31).
Zur Überprüfung der Zielgenauigkeit des Aufschlages und der Annahme kann etwa 10 mal auf einen annehmenden Spieler, z. B. auf Pos. VI, geschlagen werden. Die Netzentfernung wird für den aufschlagenden Spieler je nach seinem Könnensstand bemessen. Aufschlag und Annahme gelten im Sinne der Beobachtung als gelöst, wenn die Annahme jeweils hoch auf einen Spieler auf der Pos. III gespielt wird.
Für die Erfolgskontrolle sind acht Annahmen zielgenau auf die Pos. III eine gute Leistung, 5–6 Erfolge eine ausreichende Leistung und weniger als 4 Erfolge eine schwache Leistung.

Beobachtungsmerkmale

1 in leichter Schrittstellung, Breitenachse quer zur Schlagrichtung, wird der Ball hüfthoch vor dem hinteren Bein gehalten

2 Schlagarm wird ausholend nach hinten geführt

3 Schulter- und Beckenachse bleiben quer zur Schlagrichtung

4 Ball wird ganz leicht angeworfen

5 Schlagarm schwingt, unterstützt durch leichtes Kniebeugen, geradlinig nach vorn

6 gewölbte und gespannte Schlaghand trifft den Ball von unten-hinten etwa in Hüfthöhe

7 Schlagarmbewegung und Körperstreckung erfolgen weiter vorwärts-aufwärts etwa in Richtung des davonfliegenden Balles

8 Zielgenauigkeit

(68) Beobachtungsbogen zum Aufschlag von unten (vgl. S. 29 ff.). Vollständig ausgeführte Beobachtungsbögen liegen hierzu in Form von Abreißblöcken vor (vgl. „Arbeitsblätter für Volleyballspieler“).

Volleyballspielen mit dem Ziel „Ball in der Luft halten"

4. Taktik und Erfolgskontrolle für das Kleinfeld

Welche Spielregeln und allgemeinen taktischen Verhaltensweisen sollten beim Spielen auf dem Kleinfeld beachtet werden?

Beim Spielen zwischen zwei Mannschaften auf dem Kleinfeld soll der Ball möglichst lange in der Luft gehalten werden, d. h. er soll im Spiel bleiben. So kann auch der Anfänger schon früh ins Spiel einbezogen werden, seine Spielfähigkeit verbessert sich, und das Volleyballspiel gewinnt auch für ihn schon früh den Charakter des Rückschlagspiels. Die Mannschaften erhalten dadurch genügend Zeit, sich in einer guten taktischen Aufstellung auf den zurückerwarteten Ball vorzubereiten. Beim Zurückspielen des Balles sollten die Spieler auf ihre jeweiligen Partner in der anderen Mannschaft spielen.

Auf dem Kleinfeld wird das gemeinsame Spiel oft beeinträchtigt, weil einige Spieler sich nicht aktiv in das Spielgeschehen einschalten, andere erhalten hingegen nur selten ein Zuspiel. Häufig spielen dann immer die gleichen Spieler den Ball über das Netz und stehen immer die gleichen Spieler im Hinterfeld. Um möglichst alle Spieler in das Spiel einzubeziehen, sollten zunächst nur Mannschaften mit zwei oder drei Spielern gebildet werden und von jeder Mannschaft drei Ballkontakte vor dem Zurückspielen in das andere Feld verlangt werden. Mit dieser Regelung wird die im Volleyball notwendige Aufgabenverteilung für die einzelnen Spieler in den Vordergrund gerückt. Für das Einüben in diese Aufgabenverteilungen eignen sich vorzugsweise Dreiermannschaften, da hier die Bewältigung der einzelnen Aufgaben leichter zu überschauen ist; jeder Spieler beteiligt sich an der Aufgabe, die drei geforderten Ballkontakte auszuführen.

Bei den Kleinfeldspielen in Dreiergruppen ist es zu empfehlen, auch schon die *Rotationsregel* und die *Aufschlagregel* anzuwenden. Die Rotationsregel besagt (Regel 15): „Die Spieler der Mannschaft, die den Aufschlag erhält, müssen sofort ihre Positionen im Uhrzeigersinn wechseln (ausgenommen bei Satzbeginn). Die Rotationsbewegung erfolgt so, daß jeder Spieler die im Uhrzeigersinn benachbarte Position einnimmt." Die Aufschlagregel hingegen setzt fest (Regel 14): „Die (...) Mannschaft verliert das Aufschlagrecht (...), wenn sie einen Fehler macht."

Aufgrund dieser Maßnahmen spielt jeder Spieler häufig auf jeder Position; außerdem wird so eine Belebung des Spiels erreicht und werden Elemente des „richtigen" Volleyballspiels vorbereitet.

Als eine Variante zur Rotationsregel kann auch folgende Maßnahme eingeführt werden, die vor allem das bewegungsarme statische Spielen verhindert: In dem Augenblick, in dem der Ball von der ballbesitzenden Mannschaft über das Netz gespielt wird, nimmt jeder Spieler dieser Mannschaft schnell im Uhrzeigersinn die Position seines Neben/Vordermannes ein. Orts- und Richtungsveränderungen für die Annahme des wieder zurückgespielten Balles können damit vorbereitet werden. Die für das Volleyballspiel auf einem kleinen Feld so wichtige hohe Bewegungsintensität kann noch dadurch gesteigert werden, daß der Spieler oder die gesamte Mannschaft, die das Spiel unterbricht (Ball fällt zu Boden), Zusatzaufgaben ausführt, bevor die andere Mannschaft das Spiel mit Pritschen oder mit Aufschlag von unten neu eröffnet. Alle Spieler müssen sich daran gewöhnen, auch sehr ungenaue Zuspiele zu erlaufen und anzunehmen und auf verschiedenen Positionen verschiedene Aufgaben zu erfüllen sowie stets auf den fliegenden Ball und ihre Mitspieler zu achten.

Mit welcher Mannschaftstaktik sollte man auf dem Kleinfeld beginnen?

Als individuelle Taktik werden die Aktionen eines Spielers bezeichnet, die er ohne unmittelbare Beteiligung von Mitspielern zu erfüllen hat. Die Mannschaftstaktik ist das Zusammenwirken aller Spieler in einer Mannschaft. Unter einem Spielsystem versteht man eine Organisation, die das Verhalten der Mannschaft und die entsprechenden Aufgaben für den einzelnen Spieler festlegt. Für das Zusammenspiel der Mitglieder einer Mannschaft muß ein Spielsystem gewählt werden, das an das jeweilige Niveau der technischen Fertigkeiten anknüpft.

Für das Spiel auf einem Kleinfeld sollte eine Taktik gewählt werden, die noch leicht überschaubar und einfach ist, weil ein taktisches Verständnis des Volleyballspiels erst erworben werden soll. Dafür empfiehlt sich eine Mannschaftstaktik, die das *Sicherheits- und Defensivspiel* betont. Wenn beide Mannschaften auf dem Kleinfeld das Ziel verfolgen „den Ball in der Luft halten", kann dieses taktische Verhalten leicht geübt werden. Damit wird aber nicht nur eine gemeinsame Verteidigungsarbeit für alle Spieler vorbereitet, sondern vor allem die individuelle und mannschaftsdienliche Spielweise durch die Häufigkeit der Ballkontakte in den beiden Mannschaften verbessert.

Auf dem Kleinfeld stehen in der Grundaufstellung zwei Spieler (Netzspieler) im vorderen Teil des Spielfeldes, und ein Spieler (Grundspieler) steht im Hinterfeld (69 a). Eine Mannschaft eröffnet das Spiel durch Pritschen oder Aufschlag von unten in die andere Feldhälfte. Zur Annahme des anfliegenden Balles kann die andere Mannschaft zwei Möglichkeiten wählen: einmal teilen sich zwei Spieler die Aufgabe, den Ball aus dem Hinterfeld zum dritten Spieler ans Netz zu spielen (69 b). Der am Netz stehende dritte Spieler spielt nun den Ball zum inzwischen nach vorne gelaufenen freien Grundspieler, der den Ball über das Netz zurückspielt. Etwas schwieriger erscheint die zweite mögliche Annahme des Balles durch alle drei Spieler (69 c), weil hier der Ballweg nicht festgelegt ist und größere Mißverständnisse bei der Ballannahme auftreten können. Diese Aufstellung empfiehlt sich vor allem für Fortgeschrittene.

Wenn mit vier Spielern auf dem Kleinfeld gespielt wird, dann stehen je zwei Spieler am Netz und zwei Spieler im hinteren Teil des Spielfeldes (69 d). Bei dieser Grundaufstellung ist vor allem darauf zu achten, daß die angenommenen Bälle aus dem Hinterfeld diagonal nach vorne zum Netzspieler gespielt werden (69 e), weil so dem angespielten Partner eine viel einfachere Orientierung zum Ball möglich wird, und zwar durch die bessere Blickverbindung und den längeren Ballweg.

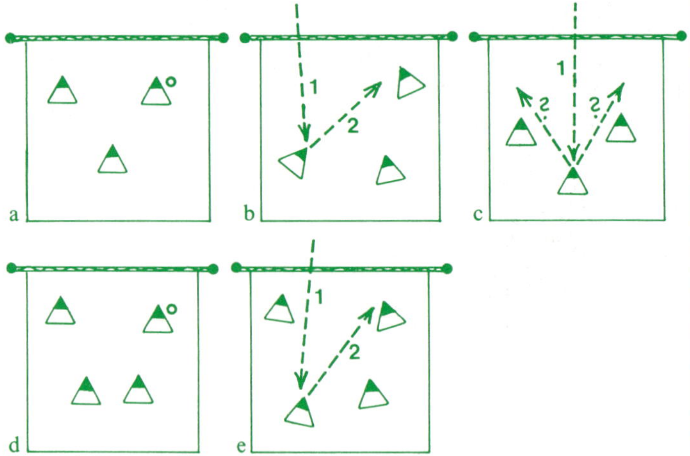

(69) Taktische Aufstellungen für das Spielen auf dem Kleinfeld

Wie kann man überprüfen, ob zwei Mannschaften auf dem Kleinfeld das obere Zuspiel beherrschen?

Die Häufigkeit der spielbestimmenden (hier: oberes Zuspiel) und spielentscheidenden Vorgänge (Fehler) ist eine wichtige Meßgröße für die Spielbeobachtung und Spielanalyse. Um beurteilen zu können, wie gut das Pritschen im Spiel „Ball in der Luft halten" beherrscht wird, müssen die Ballberührungen als spielbestimmende und die Fehler als spielentscheidende Spielvorgänge registriert werden.

Unter Leitung eines Schiedsrichters spielen jeweils zwei Mannschaften „Ball in der Luft halten" ausschließlich mit der

Technik des oberen Zuspiels. Die anderen Mitschüler beobachten dieses Spiel. In eine Strichliste tragen sie die Anzahl der erfolgreichen und erfolglosen oberen Zuspiele ein und messen mit einer Stoppuhr die Zeitdauer des effektiven Spiels. Um das Ziel „Spielfähigkeit" angemessen überprüfen zu können, sollten sehr viele Ballkontakte beobachtet werden. Dazu ist eine Beobachtungsdauer von 10 Minuten ausreichend, wenn als äußere Spielbedingungen ein hohes Netz, ein kleines Spielfeld und eine geringe Spielerzahl (z. B. 3:3) gegeben sind. Es sollte unter diesen Spielbedingungen auf einem 4,5 × 12 m großen Spielfeld überprüft werden, ob es gelingt, den Ball durchschnittlich länger als 6 Sekunden pro Ballwechsel in der Luft zu halten und ob der Ball im Durchschnitt pro Ballwechsel mindestens 4 bis 5 mal gespielt wird. Wenn diese Werte erreicht oder sogar übertroffen werden, kann man auf eine zumindest ausreichende „Spielfähigkeit" schließen.

Einige Daten können auf folgende Weise bei den Spielbeobachtungen erhoben werden (vgl. Tab. 2):

1. Prozentanteil der effektiven Spielzeit: mit Stoppuhr die effektive Spielzeit feststellen und auf die Gesamtzeit umrechnen
2. Gesamtanzahl der Aktionen am Ball: mit Strichliste feststellen
3. Gesamtzahl der Aktionen pro Spieler in 20 Minuten Spielzeit: evtl. auch mit Strichliste je Spieler feststellen
4. Anzahl der Ballwechsel: mit Strichliste feststellen; entspricht der Anzahl der fehlerhaften Aktionen
5. durchschnittliche Dauer der Ballwechsel (Spielzugdauer): mit Stoppuhr registrieren und berechnen
6. durchschnittliche Dauer der Pausen zwischen den Ballwechseln (Spielunterbrechungen): mit Stoppuhr registrieren
7. Anzahl der durchschnittlichen Aktionen pro Ballwechsel: berechnen
8. Prozentanteil der fehlerhaften Ballberührungen: über Strichliste registrieren.

In der Tabelle 2 sind die hier genannten Untersuchungskriterien festgehalten und mit Daten aus beobachteten Spielen aus Volleyballkursen der gymnasialen Oberstufe versehen worden. Diese Daten sollen als Anhaltspunkte zur Beurteilung selbst ermittelter Untersuchungswerte dienen. In der mit einem X versehenen Zeile sind Erfahrungswerte von Vereinsspitzenmannschaften eingetragen, die das Volleyballspiel nicht unter dem Ziel „Ball in der Luft halten" gespielt haben und darüber hinaus auch andere Techniken als das obere Zuspiel eingesetzt haben. Die Werte dieser Vereinsspitzenmannschaften zeigen, daß mehr als 13% aller Ballberührungen fehlerhaft sind, und daß der Anteil der effektiven Spielzeit (Ball im Spiel) nur ungefähr 40% beträgt. Bei dem Spielziel „Ball in der Luft halten" müßten deshalb z. B. der Prozentsatz der effektiven Spielzeit höher und die Anzahl der Spielunterbrechnungen deutlich unter dem Wert von Vereinsmannschaften liegen.

Wie stellt man fest, ob zwei Mannschaften mit der Anwendung von oberem und unterem Zuspiel ihre Spielleistungen verbessert haben?

Mit der Technik des Baggerns kann ein Spieler seinen Aktionsradius erheblich erweitern. Hat sich aber auch die Spielfähigkeit verbessert, wenn neben dem Pritschen die Technik des unteren Zuspiels eingesetzt wird? Dazu wird wie für das obere Zuspiel unter bestimmten Spielbedingungen (z. B. in einer Mannschaft 3:3 und auf einem 4,5 m × 12 m großen Spielfeld) wiederum eine Spielbeobachtung mit Hilfe einer Strichliste durchgeführt. Zum Vergleich, wie häufig beide Techniken im Spiel angewendet werden, können das untere und das obere Zuspiel mit eigenen Symbolen (z. B. U und O) aufgeschrieben werden. Auch hier empfiehlt es sich, wieder 10 Minuten lang ein Spiel zu beobachten. Die Beobachtungsergebnisse können in die Tabelle 2/rechts eingetragen

Spielbedingungen	2:2 4,5 × 6 m		3:3 4,5 × 9 m		3:3 4,5 × 12 m		6:6 9 × 18 m		beobachtete Spiele	3:3 4,5 × 12 m		beobachtete Spiele	Spitzenmannschaften
%-Anteil der effektiven Spielzeit	> 70	< 60	> 60	< 45	> 60	< 40	> 42	< 40		> 60	< 45		< 40
Ballberührungen	> 700	< 480	> 600	< 480	> 510	< 350	> 300	< 270		> 510	< 350		> 360
Ballberührungen pro Spieler und 20 min. Spielzeit	> 170	< 120	> 100	< 80	> 85	< 60	> 26	< 22		> 85	< 60		> 30
Anzahl der Spielzüge	< 50	> 60	< 50	> 65	< 70	> 80	< 60	> 80		< 75	> 90		< 60
durchschnittliche Dauer der Spielzüge in sec.	> 16	< 10	> 13	< 13	> 10	< 6	> 7	< 6		> 10	< 6		7,5
durchschnittliche Dauer der Unterbrechungen in sec.	< 8	> 10	< 10	> 10	< 7	> 10	< 9	> 10		< 7	> 10		13,0
Ballberührungen pro Spielzug	> 13	< 8	> 11	< 10	> 7	< 4	> 4	< 35		> 7	< 4		6,5
%-Anteil der Fehler	< 7	> 13	< 8	> 14	< 13	> 22	< 20	> 26		< 14	> 25		< 15
Leistung in bezug auf Spielziel „Ball in der Luft halten“:	über-	unter-	über-	unter- durchschnittlich	über-	unter-	über-	unter-		sehr gut	sehr schwach		
	nur mit oberem Zuspiel									mit oberem und unterem Zuspiel			

Tabelle 2: Orientierungswerte für die Leistung „Ball in der Luft halten“ unter verschiedenen Spielbedingungen

und mit den Angaben in der Tabelle 2/links verglichen werden.
Das Spielziel „Ball in der Luft halten“ ist allerdings auch mit weniger Beobachtungs- und Berechnungsaufwand zu untersuchen. Wenn die Anzahl der Spielunterbrechungen abnimmt, müssen sich umgekehrt die Werte für die Dauer der Ballwechsel und die Anzahl der Ballberührungen pro Ballwechsel erhöhen. Das Spielziel „Ball in der Luft halten“ ist dann besser erfüllt worden.

Wie kann man feststellen, ob ein Spieler bestimmte taktische Aufgaben lösen kann und wie erfolgreich er dabei ist?

Für die Analyse des individuellen Erfolges eines Spielers müssen zwei Aspekte Beachtung finden: einmal muß sein Verhalten im Rahmen der Mannschaftstaktik erfaßt werden, zum anderen muß der Schwierigkeitsgrad der von ihm weiterzuspielenden Bälle berücksichtigt werden. Ein entsprechendes Beobachtungsverfahren sollte gleichermaßen einfach und für unterschiedliche Spielbedingungen und mehrere Spielniveaus anwendbar sein. Bei der Erstellung des Schemas müssen zunächst Beobachtungsmerkmale und situative Aspekte festgelegt werden: eine bestimmte Anzahl von Spielern (Beobachtungsmerkmal I) bewegt sich auf festgelegte Positionen (Beobachtungsmerkmal II) innerhalb eines Spielfeldes. Als Merkmale für die Erfassung des Spielerfolgs werden das Einhalten bestimmter taktischer Aufgaben (Beobachtungsmerkmal III) und das technische/taktische Verhalten beim Weiterspielen des Balles (Beobachtungsmerkmal IV) herangezogen. Das Weiterspielen des Balles ist in erster Linie abhängig von der Schwierigkeit der zu lösenden Aufgaben, d. h. von der Flugkurve und Geschwindigkeit des anfliegenden Balles (Beobachtungsmerkmal V). Diese fünf Beobachtungsmerkmale sind mit dem in der Abb. 70 vorgestellten Schema durch Beobachter und Protokollant zu erfassen. Im ersten Feld dieses Schemas erscheint die Nummer/Name des zu beobachtenden Spielers, im zweiten seine jeweilige Spielposition und im dritten Feld das jeweils zu beobachtende taktische Verhalten („+“ für taktisch richtig, „–“ für taktisch unzulänglich/falsch). Für das vierte Feld diktiert der Beobachter den geschätzten Schwierigkeitsgrad des anfliegenden Balles (a = sehr leicht, b = durchschnittlich, c = sehr schwierig); das fünfte Feld enthält die Beurteilung für das Weiterspielen des Balles unter dem Spielziel „Ball in der Luft halten“ (+2 = hohes und genaues Weiterspielen, +1 = hohes oder genaues Weiterspielen, 0 = Weiterspielen, –1 = sehr ungenaues Spielen, –2 = fehlerhaftes Spielen bzw. der Ball wurde nicht weitergespielt.)

Spieler Nr.	Position	Taktik	anfliegender Ball	Leistung
1	II	+	a	+1

(70) Kategorienraster zur Spielerbeobachtung

Tabelle 3 zeigt die Handhabung dieses Beobachtungsschemas an einem Beispiel. Auf einem DIN A 4 Bogen sind sehr viele solcher fünfteiligen Rechtecke vorbereitet und durchnumeriert worden. Hier wurde nur ein Spieler im Spiel „3:3“ mit dem Ziel „Ball in der Luft halten“ beobachtet. Als die zu beobachtende taktische Anforderung galt, die Spielpositionen im Uhrzeigersinn zu tauschen, wenn der Ball von der eigenen Mannschaft über das Netz gepritscht worden war.
Der beobachtete Spieler Nr. 1 hat in 14 aufeinanderfolgenden Aktionen 5mal auf der Position I, 6mal auf der Position II, 3mal auf der Position III gestanden und von den 14 Aktionen 12 taktisch richtig ausgeführt. 11mal war er „am Ball“ (letzte Spalte) und hat dabei 5 sehr leicht, 4 durchschnittlich schwie-

Aktion	Spieler Nr.	Position	Taktik	anfliegender Ball	Leistung
1	1	II	+	a	+1
2	1	I	+		
3	1	II	–	b	–1
4	1	I	+	a	+2
5	1	II	–	b	–2
6	1	II	+		
7	1	I	+	c	–1
8	1	III	+		
9	1	II	+	c	–1
10	1	I	+	a	+1
11	1	III	+	b	+2
12	1	II	+	b	0
13	1	I	+	a	+1
14	1	III	+	b	+2
		I/II/III	+/–	a/b/c	$\frac{\Sigma}{n}$
Σ	1	5/6/3	12/2	5/4/2	4/11

Tabelle 3: Schema zur bestimmung der technisch-taktischen Spielerleistung im Spiel „3:3“

rig und 2 sehr schwierig zu spielende Bälle mit insgesamt +4/11 Punkten weitergespielt.
Aus der Summe aller Beurteilungswerte läßt sich ein Spieler-Erfolgs-Quotient nach der Formel:

$$q = \frac{\Sigma[(+2)+(+1)] - \Sigma[(-1)+(-2)]}{n}$$

mit den Grenzen „–2“ und „+2“ errechnen. Dafür kann folgender Orientierungsrahmen herangezogen werden:

Spieler-Erfolgs-quotient	< –0,20	< +0,40	< +1,10	< +1,60	> +1,60
Spieler-Erfolg	sehr schwach	ausreichend	durchschnittlich	überdurchschnittlich	ausgezeichnet

Demnach hat ein Spieler mit dem Spieler-Erfolgs-Quotienten +0,36 einen ausreichenden technisch-taktischen Spielerfolg erreicht.

Wie kann man Spielfähigkeit als Mannschaftsleistung und als Leistung eines einzelnen Spielers bestimmen, wenn alle bisher erlernten Techniken angewandt werden?

Das Kleinfeldspiel „Ball in der Luft halten“ enthält bereits wesentliche Elemente des Volleyballspiels auf dem Normalfeld: den Aufschlag mit den volleyballtypischen Spielsituationen der Annahme des Aufschlages im Bagger, dem oberen Zuspiel am Netz und dem Zurückspielen über das Netz. Unter der Zielsetzung „Ball in der Luft halten“ werden diese technischen Elemente auf ihre Verwendungshäufigkeit und damit auf ihren taktischen Einsatz im Spiel überprüft. Aus einem hohen Anteil oberer Zuspiele läßt sich dann z. B. auf ein vorangegangenes genaues Zuspiel und/oder hohe Beweglichkeit vor dem Weiterspielen des Balles schließen. Ein hoher Anteil unterer Zuspiele deutet dagegen auf ein ungenaues

Pritschen und/oder geringe Beweglichkeit vor dem Weiterspielen des Balles. Auch wenn noch keine weiteren Techniken des Volleyballspiels erlernt worden sind, kann die Spielfähigkeit überprüft werden. Dabei sollte untersucht werden:
1. wie die Spielfähigkeit als eine Mannschafts-Spielleistung beurteilt werden kann und
2. ob die Spielfähigkeit zweier Mannschaften auch über die Spielfähigkeit eines einzelnen Spielers etwas aussagt.
Um dafür die erforderlichen Daten zu sammeln, sollten zwei oder mehrere Mannschaften unter verschiedenen Spielbedingungen und der Leitung eines Schiedsrichters spielen, der auch die Gesamtspielzeit und die effektive Spielzeit festhält. Zwei Schüler können die Ballwechsel zwischen den Mannschaften beobachten, wobei der eine Schüler die Reihenfolge der technischen Elemente ansagt und der zweite Schüler diese mit Buchstabenkürzeln aufschreibt: z. B. A für den Aufschlag, An für Annahme, P für Pritschen und U für untere Zuspiele. Da bei der Beobachtung registriert werden soll, mit welcher Technik der Ball weitergespielt wird, genügt als qualitative Bewertung ein Minuszeichen (–) hinter den angewendeten Techniken, deren Aktionen abgepfiffen wurden. Als Beispiel für diese Form eines vereinfachten „Spielstenogramms" kann Tab. 4 dienen. In diesem Beispiel zeigt ein Volleyball-Grundkurs der Sekundarstufe II ein sehr schwaches Leistungsniveau. Die so ermittelten Daten können dann zur besseren Veranschaulichung graphisch in Form eines Säulendiagramms dargestellt und mit den Werten in den Säulendiagrammen der Abb. 71 verglichen werden.

Klasse : Gk 11 Mäd.	Spielzeit: 26:00	eff. Zeit: 12:02
Spielbedingungen: 3:3 / 4,5 × 12 m		
Reihenfolge aufgetretener Aktionen		
AAnUUPPPPP-	A-	AAnPPPPU-
AAnUUU-	AAn-	A-
AAnPPU-	A-	AAnPU-
AAnUU-	AAnPP-	AAn-
A-	AAnPUPU-	AAnU-
AAnUP-	AAn-	A-
A-	AAn-	A-
AAnPU-	AAn-	AAnUUPPPU-
AAnU-	AAn-	A-
AAnP-	AAnPPUUUPPU-	AAnUPPPPPU-
AAnUPU-	PU-	AAnUU-
AAnP-	A-	AAn-
A-	AAnPP-	AAn-
AAn-	AAn-	AAnP-
AAnPPUPU-	A-	AAnPU-
AAn-	AAnP-	
	usw.	

Tabelle 4: Beispiel eines vereinfachten Spielstenogramms

In der Darstellung der Abb. 71 wurden die Ergebnisse von Mannschaften mit unterschiedlichem Erfolg beim Spiel „Ball in der Luft halten" aufgenommen. Dort ist z. B. für eine sehr schwache Mannschaft festzustellen, daß viel zu oft aufgeschlagen und angenommen wurde, nämlich ungefähr zur Hälfte aller Spielaktionen. Darüber hinaus werden auch diese beiden Techniken nur unzureichend beherrscht, weil fast ein Fünftel aller Aufschläge und nahezu ein Drittel der Annahmen fehlerhaft waren. Der Anteil der zielgenauen oberen Zuspiele ist zu gering. Wahrscheinlich wird die Annahme des Aufschlages häufig so ungenau ausgeführt, daß ein zweites Weiterspielen des Balles auch nur noch mit einem Bagger möglich ist. Bei der Häufigkeit des unteren Zuspiels ist dann auch der hohe Fehleranteil bei dieser Technik nicht überraschend.

Demgegenüber zeichnen sich sehr gute Mannschaftsleistungen dadurch aus, daß Aufschlag und Annahme zusammen

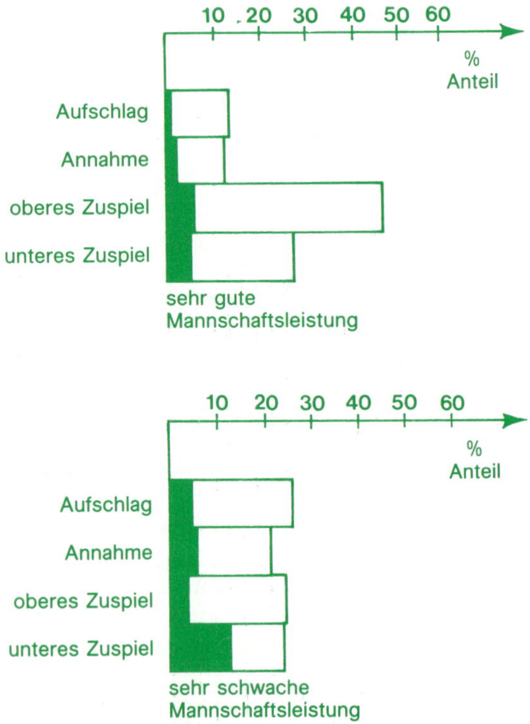

(71) Volleyball auf dem Kleinfeld „4,5 × 12 m“ und „3:3“ Darstellung der Häufigkeiten der technischen Elemente und des Fehleranteils innerhalb jeder Technik (dunkel)

etwa nur ein Viertel aller Ballaktionen ausmachen. Fehler sind bei diesen Techniken selten und daher sind auch die Voraussetzungen für ein kontinuierliches Spiel („Ball in der Luft halten“) besser: etwa die Hälfte aller Ballkontakte sind zielgenaue obere Zuspiele, die vor allem dann möglich sind, wenn bei der Annahme der Ball im Bagger genau zum Netz weitergespielt wurde.

Die Verbesserung der Spielfähigkeit (1. Spielsituationen beurteilen, 2. bestimmte Techniken auswählen und ihre Anwendung planen, 3. den Ball regelgerecht spielen und 4. das Ergebnis des Weiterspiels beurteilen können) ist für den einzelnen Spieler vor allem von der Häufigkeit der jeweils gespielten Technik abhängig. Nur in Kenntnis der Anzahl der regelgerecht bzw. fehlerhaft ausgeführten Ballkontakte und der Techniken, die jeweils eingesetzt wurden, kann auf die Spielfähigkeit eines Spielers geschlossen werden. Sie ist folgendermaßen zu überprüfen:

Einige Mitspieler werden im Spiel beobachtet. Mit Hilfe der Tab. 2 (S. 58) und den selbst ermittelten Ergebnissen bei der Mannschaftsbeobachtung kann nun überprüft werden, ob die individuelle Spielfähigkeit der beobachteten Spieler genauso weit entwickelt ist wie die der gesamten Mannschaft. Weiterhin können folgende Fragestellungen im Kurs selbst überprüft und mit den vorliegenden Erfahrungen/Ergebnissen beim Volleyballspielen verglichen werden:

– Welche Rückschlüsse sind auf die individuelle Spielfähigkeit und auf die Mannschaftsleistung möglich, wenn die Häufigkeit der jeweils eingesetzten Techniken zwischen den beobachteten Spielern und der gesamten Mannschaft deutlich voneinander abweichen?
– Welche taktischen Verhaltensweisen werden im Spiel „Ball in der Luft halten“ geübt?
– Inwiefern ändern sich die Spielvorgänge, wenn mehr oder weniger Spieler auf dem Feld sind und die Spielfeldgröße variiert wird (vgl. dazu die Ergebnisse in Tab. 1 [S.27] bei den verschiedenen Spielbedingungen)?
– Wird der Wunsch nach Wettkampf und Leistungsvergleich beim Spiel „Ball in der Luft halten“ berücksichtigt?
– Welche Ziele können mit dem Spiel „Ball in der Luft halten“ angestrebt werden?

Vom Kleinfeld zum Normalfeld

Was ist beim Übergang vom Kleinfeld zum Spiel auf dem Normalfeld aufgrund der veränderten äußeren Spielbedingungen zu beachten?

Auf dem Normalfeld entstehen durch die vermehrte Spielerzahl und das größere Spielfeld neue, den Spielablauf erschwerende Spielbedingungen. Wenn eine kontinuierliche Weiterentwicklung der Spielfähigkeit durch den Übergang vom Kleinfeldspiel zum Spiel auf dem Normalfeld nicht unterbrochen werden soll, dann muß dieser Übergang behutsam erfolgen. Deshalb ist eine schrittweise Angleichung an die von dem Regelwerk geforderte Spielerzahl und Spielfeldgröße zu empfehlen:

„Eine Mannschaft besteht aus 6 Stammspielern und höchstens 6 Auswechselspielern" (Regel 5). „Das Spielfeld ist eine 18 × 9 m große Fläche und wird von 5 cm breiten Linien begrenzt. Diese werden an der Innenseite des Feldes gezogen" (Regel 1).

Die sechs Stammspieler haben, beginnend am Aufschlag, im Uhrzeigersinn die in Abb. 72 mit römischen Zahlen gekennzeichneten Bereiche zu besetzen. Dabei muß jeder Netz- oder Angriffsspieler (auf den Positionen IV, III und II) vor seinem Grund- oder Abwehrspieler (auf den Positionen V, VI und I) stehen. Diese Ordnung muß auch parallel zum Netz im Augenblick des Aufschlags immer eingenommen werden und darf innerhalb eines Satzes nicht verändert werden (Regel 5).

Jeder Spieler hat auf dem Normalfeld eine Spielfläche von durchschnittlich 13,5 m^2 abzudecken. Um das Spiel auf diesem größeren Aktionsraum vorzubereiten, sollte zunächst auf dem Kleinfeld mit etwa 4,5 × 9 m Spielfläche nicht länger mit drei, sondern mit vier Spielern in einer Mannschaft gespielt werden. Die zwei Hinterspieler baggern den Ball jetzt diagonal nach vorn, um den Netzspielern das Weiterspielen zu erleichtern.

Für die Annahme des Aufschlages empfiehlt sich eine halbkreisförmige Annahme zu dritt; der vierte Spieler bleibt am

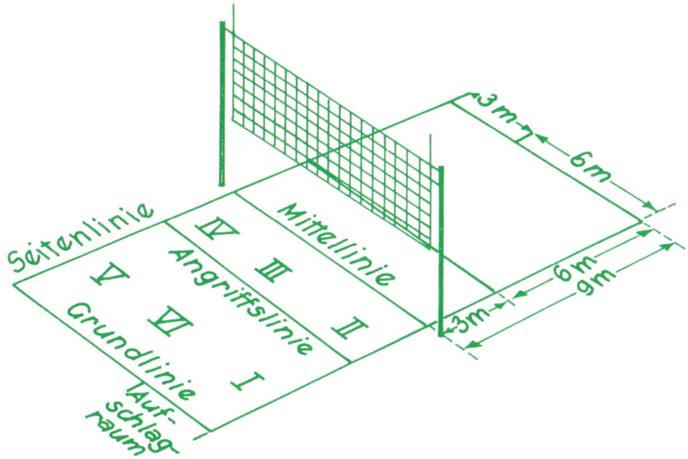

(72) Maße und Positionen des Volleyballfeldes

Netz stehen und erwartet das Zuspiel (vgl. Aufstellung in Übungsform 97). Nach der Erhöhung auf vier Spieler erfolgt eine geringe Vergrößerung des Spielfeldes auf etwa 6 × 9 m Spielfläche. Übungsformen müssen nun auf das vergrößerte Spielfeld abgestimmt werden, d. h. sie müssen das richtungsgenaue Abspiel über Entfernungen bis zu 10 m und die Raumaufteilung durch mehrere Spieler berücksichtigen. Für das Weiterspielen des Balles wird jetzt mehr Kraftaufwand nötig sein. Auf Laufwege und Zusatzaufgaben mit individuell-taktischen Anforderungen sollte deshalb zu Gunsten einer längeren Vorbereitungszeit für eine gute Ausführung der Technik mit einem zielgenauen Anspiel zunächst verzichtet werden. Für den Übergang zum Normalfeld ist auch weiterhin ein steter Wechsel zu empfehlen: Der Erhöhung der Spielerzahl folgt die Vergrößerung des Spielfeldes usw. Auf einem 6 × 9 m großen Spielfeld wäre dann mit fünf Spielern, drei Vorder-/Netzspielern und zwei Hinterspielern, eine Mannschaft zu bilden. Danach kann das Feld bis auf 9 × 12 m vergrößert werden. Die beiden Hinterspieler baggern jetzt den Aufschlag zum mittleren Netzspieler. Als nächster Schritt mit 6 Spielern noch auf dem kleineren Feld von 9 × 12 m, bevor endgültig zum Normalfeld übergegangen wird.

Es gibt keine genauen Anhaltspunkte, wann neben der Beherrschung der technischen Fertigkeiten auch die Mannschaftstaktik der Spieler so gut und wirkungsvoll ist, daß die Spielbedingungen dem Normalfeld jeweils weiter angenähert werden können. Als Faustregel kann aber gelten, daß in mehr als 50% aller Spielaktionen die taktische Aufgabe erfüllt sein soll, bevor die äußeren Spielbedingungen erschwert werden. Wenn z. B. im Spiel „3:3“ mehr als die Hälfte aller Zuspiele aus dem Hinterfeld diagonal und zielgenau zum entsprechenden Netzspieler gespielt werden, dann ist diese Taktik für das Kleinfeldspiel hinreichend erfüllt. Das gilt z. B. für das Spiel „5:5“, wenn mehr als die Hälfte aller Annahmen auf den mittleren Netzspieler (Position III) gespielt werden und der Ball über einen vorweg bestimmten Netzspieler (Position IV/II) in das andere Feld zurückgespielt wird. Wenn etwas mehr als die Hälfte aller Annahmen fehlerfrei und genau auf die Position III gespielt werden, beherrschen die Mannschaften das Sichern des eigenen Feldes und den eigenen Spielaufbau in ausreichendem Maße. Erst dann sollte z. B. das Spielfeld auf 9 × 12 m vergrößert bzw. die Spielerzahl auf sechs erhöht werden. Werden die taktischen Aufgabenstellungen nur selten gelöst, dann müssen wahrscheinlich die technischen Fertigkeiten noch in spielnahen Übungsformen geübt werden. In der nachfolgenden Tabelle sind einige Beobachtungsmerkmale beispielhaft genannt, mit denen der Erfolg der Mannschaftstaktik erfaßt und beurteilt werden kann.

Mit den genannten Beobachtungsmerkmalen und Vergleichsdaten kann auch der Erfolg der Mannschaftstaktik im gewählten Beispiel „5:5“ erfaßt und beurteilt werden: Von 70 Aufschlägen wurden zwar 53% auf die Position III weitergespielt, doch konnten von den insgesamt 103 Rückspielen nur

Mannschaftstaktik/Spielsystem	Ballberührungen entsprechend System	Ballberührungen nicht entsprechend System	Berührungen gesamt	% Anteil der Effektivität
Annahme zur Pos. III	37	33	70	53
über bestimmten Netzspieler zurückspielen	42	61	103	41

Tabelle 5: Effektivität der Mannschaftstaktik (Spielbedingungen hier: „5:5“/„9 × 12 m“)

42 von den jeweils vor dem Aufschlag bestimmten Netzspielern gespielt werden. Die äußeren Spielbedingungen sollten bei solchen Ergebnissen noch nicht erschwert werden.

Welche Änderungen treten ein, wenn vom Spielziel „Ball in der Luft halten“ zum Ziel „Ball im gegnerischen Feld auf den Boden spielen“ gewechselt wird?

Das Ziel „Ball in der Luft halten“ ist mit einer defensiven Taktik verknüpft. Beim Übergang zum Normalfeld mit dem Spielgedanken „Ball im gegnerischen Feld auf den Boden spielen“ muß auch ein verändertes taktisches Verhalten erlernt werden. Das darf nicht erst dann geschehen, wenn schon auf dem Normalfeld gespielt wird, sondern die offensive Taktik, die mit dem „richtigen“ Spielgedanken verbunden ist, sollte parallel zum schrittweisen Übergang auf das Normalfeld angewandt werden. Wenn das Spielziel „Ball in der Luft halten“ unter den jeweiligen äußeren Spielbedingungen beherrscht wird und die äußeren Spielbedingungen danach weiter erschwert werden, sollte gleichzeitig das Volleyballspiel mit dem Spielgedanken „Ball auf den Boden spielen“ unter den noch leichteren äußeren Spielbedingungen geübt werden. Auf das Kleinfeldspiel „2:2, Ball möglichst lange weiterspielen“ folgen also sowohl die Erweiterung auf „3:3, Ball möglichst lange weiterspielen“ als auch die Einführung des Spielgedankens „2:2, Ball auf den Boden spielen“ usf. So wird mit der fortschreitenden Anpassung an das Normalfeld auf dem jeweils bekannten Spielfeld die offensive Taktik vorbereitet und geübt. Die grundlegenden taktischen Aufgaben wie eine gute Ballannahme und ein zielgenaues Weiterspielen im eigenen Feld verändern sich dabei ja nicht, allerdings werden diese Aufgaben nun schwieriger zu lösen sein wegen der Aktionen des Gegners. Für beide Mannschaften ist bei dem für das Volleyballspiel typischen Spielgedanken eine größere Reaktionsschnelligkeit und Beweglichkeit erforderlich, um den Ball noch zu erreichen und regelgerecht im eigenen Feld genau weiterzuspielen. Dabei nehmen die Anzahl der Bewegungen auf kleinem Raum mit maximaler Schnelligkeit und die Anforderung an die Geschicklichkeit zu, weil sich durch den offensiv über das Netz gespielten Ball die Situationsvielfalt und die Geschwindigkeit des Balles (Überraschungseffekt) erhöhen. Aber auch die Anforderung an das Konzentrationsvermögen steigt. Während im Spiel „Ball in der Luft halten" die Aufmerksamkeit aller Spieler ausschließlich auf das zielgenaue Weiterspielen des Balles gerichtet ist, muß jetzt jeder Spieler den stets wechselnden Aktionsraum zu seinen Mitspielern und die Aktionen der anderen Mannschaft beobachten, um den Ball annehmen und genau weiterspielen zu können. Damit ist eine größere Konzentration auf das Spielgeschehen und auch eine größere psycho-physische Belastung gegeben (vgl. dazu S. 98–107). Eine zeitweilige Entspannung, wie sie z. B. im Fußballspiel auch während des Spiels für einzelne Spieler möglich ist, ist im Volleyballspiel nur während der regelbedingten Spielunterbrechungen (Auszeiten) möglich. Läßt die Konzentration nach, folgen oft die entscheidenden Aufschlag- oder Punktgewinne des Gegners bzw. die eigenen technischen und taktischen Fehler häufen sich.

Mit welcher Aufstellung wird das Normalfeld sicher abgedeckt?

Ein dynamisches Volleyballspiel ist erst dann erreichbar, wenn Aufschlag und Annahme gleichermaßen sicher beherrscht werden. Die genaue Annahme des Aufschlages ist darüber hinaus die Voraussetzung für längere Ballwechsel, und die Aufstellung der Spieler muß die 81 m² große Spielfläche im eigenen Feld sicher abdecken. Dafür hat sich eine Aufstellung im sogenannten „Fünferriegel" bewährt. „Fünferriegel" heißt, daß sich fünf Spieler die Sicherung des eigenen Feldes bei der Ballannahme teilen, während ein Spieler auf der Position III steht und für das Zuspielen am Netz verantwortlich ist. Die beiden hinteren Spieler auf den Positionen V und I stehen versetzt zu ihren drei vorderen Mitspielern und decken den gesamten hinteren Bereich des Feldes ab. Bei der Annahme des Aufschlages übernimmt häufig die Position V das ungesicherte Spielfeld hinter der Position VI. Der Spielaufbau erfolgt über die Position III, da der Ball von hier aus am leichtesten auf die beiden anderen Netzspieler gespielt werden kann. Nach einem Anspiel durch die Position VI muß der Zuspieler auf der Position III den Ball im rechten Winkel nach außen auf die Position IV oder II weiterspielen. Dabei muß er sich frühzeitig in die Abspielrichtung drehen und das netzseitige Bein leicht vorstellen.

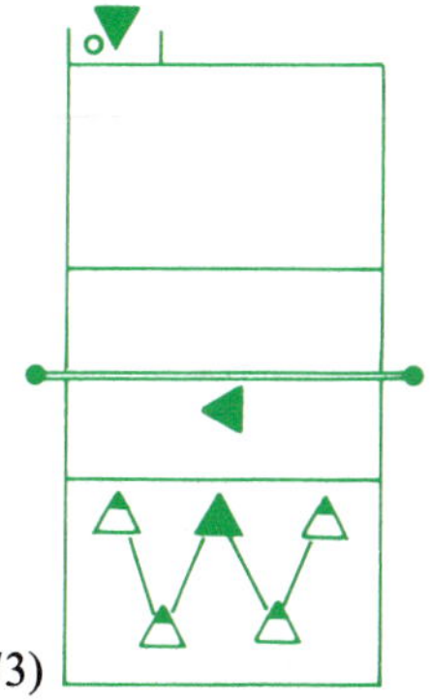
(73)

Verbindet man die Aufstellungspositionen im „Fünferriegel" mit Strichen, so gleicht die Aufstellung einem „W". Diese Formation ist für die Annahme des Aufschlages so erfolgreich, weil die taktischen Aufgaben gut verteilt sind und das Spielfeld gut abgedeckt wird.
Alle aus dem gegenüberliegenden Feld gespielten Bälle sollten im „Fünferriegel" (Abb. 73) angenommen werden. Im Spiel „Ball in der Luft halten" wird der Ball häufig in den Umkreis der Position VI gespielt. Die fünf annehmenden Spieler sollten dann etwas näher am Netz stehen, als es in der Abb. 73 dargestellt ist.

Volleyballspielen mit dem Ziel „Ball im gegnerischen Feld auf den Boden spielen“

1. Angriff und Feldabwehr

Welche Voraussetzungen sollten vor dem Erlernen des frontalen Angriffsschlags erfüllt sein, und wie sieht der Bewegungsablauf für diese Technik aus?

Der *frontale Angriffsschlag* (Schmetterschlag) ist eine Volleyballtechnik, die als Angriffselement eingesetzt wird. Der Ball soll mit dem Schmetterschlag im gegnerischen Feld auf den Boden gespielt werden, um direkt einen Punktgewinn zu erzielen bzw. das Aufschlagrecht zu erhalten. Das Spiel zwischen zwei Mannschaften erhält durch den Schmetterschlag eine kämpferische Komponente, die auch zu Veränderungen im taktischen Verhalten und zu anderen psycho-physischen Beanspruchungen führt.

Eine wesentliche Voraussetzung für einen erfolgreichen Angriffsschlag ist ein hohes Zuspiel von einem Mitspieler, denn nur dann hat der Angreifer genügend Zeit, um mit einem kontrollierten Anlauf und Sprung den Ball zu schmettern. Neben einem zielgenauen hohen Zuspiel durch einen Mitspieler sind für einen erfolgreichen Angriffsschlag auch einige besondere motorische Voraussetzungen wichtig. Der Angreifer muß in der Lage sein, den Ball deutlich oberhalb der Netzkante zu schlagen. Je höher der Ball oberhalb der Netzkante geschlagen wird, desto kürzer kann seine Flugkurve zum Boden eingerichtet werden; je niedriger der Ball oberhalb der Netzkante geschlagen wird, desto eher wird er ins Netz oder außerhalb des Spielfeldes geschlagen. Die Reichhöhe im Sprung sollte deshalb 30 – 40 cm höher als die Netzoberkante liegen. Dabei ist zu berücksichtigen, daß Anlaufrichtung, -geschwindigkeit und Häufigkeit der Sprünge auf die Reichhöhe im Sprung einwirken.

Wie Abb. 74 zeigt, liegt die Schwierigkeit des frontalen Angriffsschlages als der einfachsten Art des Angriffsschlages vor allem in der Koordination von Anlauf, Absprung, Flugphase, Schlagbewegung sowie Treffen des zugespielten Balles. Das ist der Grund dafür, daß bei geringem Übungsumfang, oft in schulischen Kursen, nahezu jeder vierte Angriffsschlag fehlerhaft ausgeführt wird. In Kursen guten Niveaus wird beinahe jede siebte Ballberührung als Schmetterschlag ausgeführt, im Spitzenvolleyball mehr als jeder fünfte. Doch sind die hierdurch erreichbaren Vorteile auch mit einem erheblichen Fehler-Risiko für den Angreifer verbunden.

Die Hauptmerkmale des Bewegungsablaufs für diese Technik sind nach der räumlich-zeitlichen Strukturanalyse:

a) Abwärtsschlagen des Balles durch Aufwärts-Vorwärts-Abwärts-Schlagen des Schlagarmes/der Schlaghand

b) Doppelarmschwung zur Unterstützung des Absprunges und zur Erleichterung einer stabilen Fluglage und

c) beidbeiniger Absprung.

Mit welchen Übungen kann die Koordination der einzelnen Teilbewegungen beim Schmetterschlag schrittweise erreicht werden?

Für einen erfolgreichen Angriffsschlag ist die Koordination der einzelnen Teilbewegungen und die Berechnung des zugespielten Balles für den richtigen Zeitpunkt der Bewegungsausführung sehr wichtig. Die ohnehin schwierige Koordination des komplexen Bewegungsablaufs wird durch das nötige „timing“ für die Bewegungsausführung zusätzlich erschwert. Deshalb ist es zweckmäßig, zunächst die Hauptmerkmale des Bewegungsablaufs in Vorübungen kennenzulernen, um erst Bewegungserfahrungen mit dieser Technik zu sammeln. Zunächst sollten nacheinander das Schlagen des Balles aus dem Stand, das Schlagen des Balles aus dem Stand mit vorhergehendem Anwerfen des Balles durch Doppelarmschwung und schließlich das Schlagen des Balles aus dem Sprung ohne und mit Anlauf geübt werden. Es empfiehlt sich, zu Beginn den Ball mit einem Doppelarmschwung selbst anzuwerfen, da Partnerübungen durch ein noch ungenaues Zuspiel bzw. Zuwerfen das Lernen erschweren.

Die nachfolgenden Übungen sind geeignet, um die Hauptmerkmale der Bewegung vorzubereiten.

(74)

Lernhilfen zum frontalen Angriffsschlag

Schlaghand	mit einem kurzen Anlauf komme ich in die Nähe des zugespielten Balles	beide Arme bleiben gestreckt hinter dem Körper (Schwerpunkt deutlich hinter den Füßen)	während ich beide Arme als Doppelarmschwung vor dem Körper (Ellenbogen bis etwa in Schulterhöhe) hochschwinge		während ich den Ball beobachte, führe ich den Schlagarm angewinkelt hinter den Kopf und stabilisiere in leichter Bogenspannung mit dem freien Arm,	„überdache“ den Ball durch das nach unten klappende Handgelenk	den Schlagarm ziehe ich beschleunigend in Richtung auf den seitengleichen Oberschenkel durch und lande auf beiden Füßen
Schlagarm						dann schnelle ich den Unterarm nach oben-vorne und treffe den Ball mit langem Arm mit der flachen Hand von oben-hinten vor der Körperlängsachse	
freier Arm							
Schultern							
Hüfte		dann stoppe ich mit einem langen, gestreckt, flach und schnell auf die Ferse aufgesetzten Stemmschritt ab und setze den zweiten Fuß schulterbreit nach		springe ich mit beiden Beinen kräftig über die Ballen ab		ich unterstütze die Schlagbewegung durch Streckung in der Hüfte mit anschließendem aktiven Abbeugen des Oberkörpers, dabei führe ich die Beine schwungausgleichend nach vorne	
Beine							
Füße							

Handgelenk Schlaghand									
Ellenbogengel. freier Arm									
Ellenbogengel. Schlaghand									
Schultergelenk freier Arm		aufwärts	–	vorwärts		abwärts	– vorwärts		
Schultergelenk Schlagarm			aufwärts	– vorwärts			abwärts	– vorwärts	
Hüftgelenk									
Kniegelenk Stemmbein									
Kniegelenk Beistellbein									
Fußgelenk Stemmbein									
Fußgelenk Beistellbein									

Übungsformen zur Aushol- und Schlagbewegung

104 ohne Ball Arm- und Rumpfbewegung ausführen. Dabei soll der Schlagarm beschleunigend am seitengleichen Oberschenkel vorbeigeschlagen werden; das gleiche aus beidbeinigem Absprung (bei niedriger Sprunghöhe nicht in die Bogenspannung springen und sofort mit der Schlagbewegung beginnen)

105 Ball mit langem Arm in Kopfhöhe vor der Schlagschulter halten; nach der Ausholbewegung hinter den Kopf, unterstützt durch das nach vorne klappende Handgelenk, die flache Hand auf den Ball schlagen; Variante: in eine Gasse schlagen, dabei auf das aktive Abbeugen des Oberkörpers achten

106 sich paarweise den Ball als Aufsetzer zuschlagen (Entfernung etwa Feldbreite, Schlagweite möglichst kurz)

Übungsformen zur Koordination von Schlagbewegung und Treffen des fliegenden Balles

107 Ball mit Doppelarmschwung anwerfen; allmählich versuchen, mit gestrecktem Arm so hoch außen am fallenden Ball vorbeizuschlagen, daß der Ball in möglichst großer Höhe deutlich vor der Körperlängsachse getroffen werden könnte; Varianten: Anwurfhöhe aus 3–4 m vergrößern, im Sprung üben

108 niedrig angeworfenen Ball mit Doppelarmschwung in eine Gasse oder indirekt gegen die Wand schlagen (allmählich Anwurfhöhe vergrößern); fortgesetzt den Ball als Aufsetzer gegen die Wand schlagen und dabei frühzeitig die Schlagbewegung durch Doppelarmschwung einleiten

109 wie 106, aber den jeweils selbst angeworfenen Ball als Aufsetzer auf Zielmarkierungen hin- und zurückschlagen

110 Squash spielen, d. h. in Zweiergruppen möglichst oft den Ball wechselweise indirekt gegen die Wand schlagen (gültig sind oberhalb der Schulterachse getroffene Bälle); durch Laufarbeit hinter den zurückspringenden Ball gelangen und frühzeitig mit dem Doppelarmschwung beginnen.

(75) Koordination von Schlagbewegung und Treffen des fliegenden Balles mit Übungsform 108

Übungsformen zu Anlauf und Absprung

Um den Anlauf abzubremsen und in den vertikalen Absprung umzusetzen, muß der Körperschwerpunkt mit dem Stemmschritt deutlich hinter den Füßen zurückbleiben. In starker Körperrücklage sind Knie- und Hüftgelenk dann nahezu gestreckt (76a). Durch den Stemm- und Beistellschritt abgebremst, setzt der Körper seine Vorwärtsbewegung noch leicht fort und soll in der biomechanisch günstigsten Körperstellung in den vertikalen Absprung beschleunigt werden (76b).

111 Zwei-Schritt-Anlauf als Stemmschritt und Beistellschritt mit kräftigem beidbeinigem Absprung, im Doppelarmschwung die Ellenbogen bis in Höhe der Schulterachse führen

112 Schlagbewegung hinzunehmen; am Netz darauf achten, daß nach frontalem Anlauf der gestreckte Schlagarm ohne Netzberührung nach unten durchgezogen wird

113 Üben mit Angabe des Rhythmus (z. B. „Stemm und Schritt“)

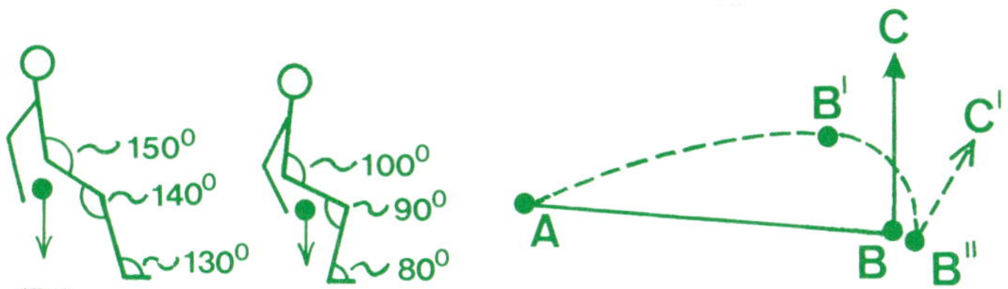

(76) a b c

Winkeländerungen und Verlagerung des KSP während Stemmschritt und Beistellschritt

ABC richtige Bewegung
AB'B''C' unökonomische Bewegung

114 Imitation der Schlagbewegung nach Anlauf und Absprung in der Angriffszone (aktives Abbeugen des Oberkörpers unterstützt die Schlagbewegung); Variante mit Ball: Ball von der Angriffslinie selbst hoch vor das Netz werfen und zum Partner auf der gegenüberliegenden Grundlinie schlagen.

Nachdem der Bewegungsablauf in der Grobform beherrscht wird, sind Übungsformen zu empfehlen, die den typischen Verwendungssituationen des frontalen Angriffsschlags im Spiel entsprechen. Die Feldgröße ist dabei von untergeordneter Bedeutung; das Netz sollte etwa in Reichhöhe gespannt sein, wobei es auch schräg gespannt werden kann, wenn sehr unterschiedlich große Spieler gleichzeitig üben.

Übungsformen

115 Partner stehen diagonal zueinander, Abstand je nach Fertigkeitsniveau in Tiefe und Länge 3 – 6 m: der Angriffsspieler läuft im rechten Winkel auf den hohen Paß des Zuspielers zu und schmettert im Sprung gerade in Verlängerung der Anlaufrichtung (77)

116 Angriffsschlag von Position IV (Linkshänder von Position II) nach Zuspiel von Position III; Varianten: Zuspiel von Position VI auf Position III mit anschließendem Weiterspiel zum Angreifer; mit Zielangaben (z. B. Feldhälften); wechselweiser Angriff von den Positionen IV und II (78)

117 Zielaufschlag in das gegenüberliegende Feld, Spielen der Annahme auf Position III und Weiterspielen auf den Angreifer auf den Positionen IV/II; Varianten: Mit Nachlaufen (jeder folgt dem von ihm gespielten Ball); alle Spieler außer Position VI erwarten den Aufschlag in Bauchlage u. a. (79)

118 drei Zuspieler über die Netzbreite verteilt, drei Reihen von Angreifern: Der zweite Mann der Reihe spielt den Zuspieler an, der erste Spieler der Reihe schmettert dessen Zuspiel und schließt sich an die nächste Reihe an (80)

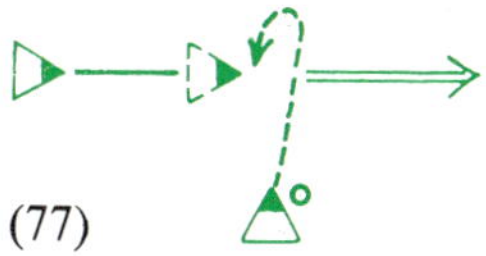

(77)

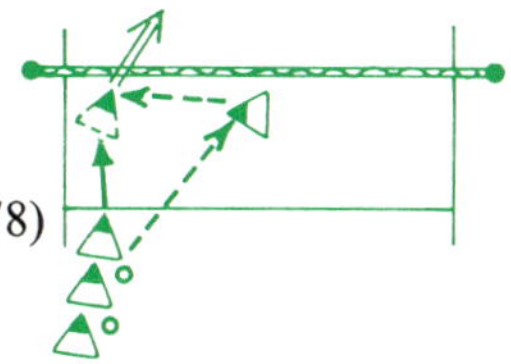

(78)

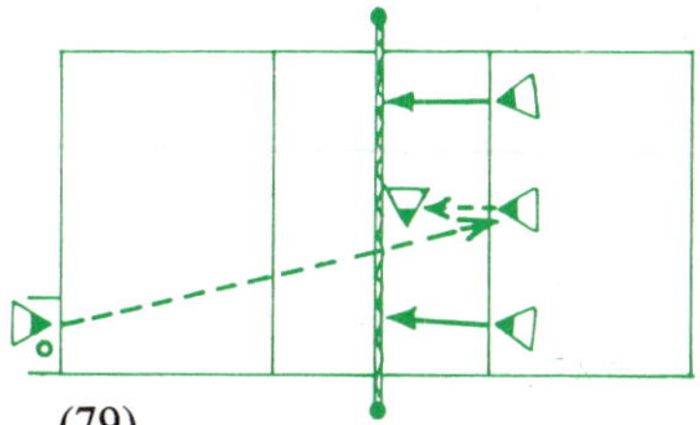

(79)

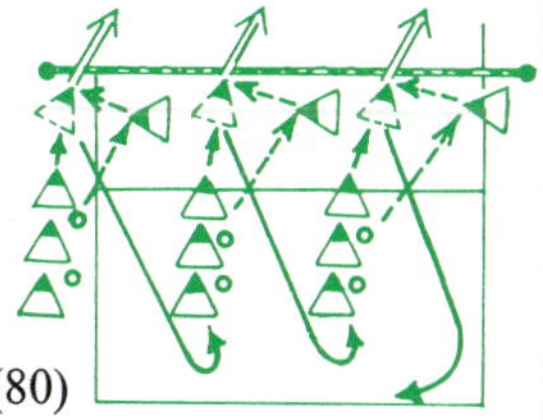

(80)

Worauf sollte stets geachtet werden, wenn man den Schmetterschlag erlernt?

Beim Anlauf zum Schmetterschlag neigt man leicht dazu, in den Stemm- und Beistellschritt hineinzulaufen oder deutlich hineinzuspringen. Dadurch wird aber nach dem Anheben des Körpers der Spieler beim Absprung nach vorne getrieben, weil die Stemmphase fehlte. Die Folge ist oft eine Netzberührung oder eine verminderte Sprunghöhe (76c). Um dieses zu vermeiden, muß aus der Vorwärtsbewegung heraus der Stemmschritt lang und flach auf der Ferse aufgesetzt (geradliniges Absenken des Körperschwerpunktes) und der Beistellschritt leicht zeitversetzt nachgestellt werden. Weiterhin sollten folgende Punkte beim Erlernen und bei der Überprüfung von Teilbewegungen des Schmetterschlages sowie für das individuell-taktische Verhalten berücksichtigt werden:

1. Von Anfang an ist auf die richtige Stellung zum Ball bei der Ausholbewegung zu achten: Etwa eine Armlänge Abstand zum Ball einnehmen und das Ausholen mit angewinkeltem Arm hinter dem Kopf ausführen.
2. Bei Partnerübungen mit Zuwerfen den beidhändigen Unterhandwurf verwenden, da er am genauesten ist. Zu Beginn des Übens immer auf der Seite der Schlagschulter zuwerfen.
3. Da die Anlauflinie zum Schmettern von der Sprungkraft und der Schrittlänge der Spieler abhängig ist, kann sie nur annähernd festgelegt werden.
4. Beim Anlauf erst (langsam) angehen und dann beschleunigen; der Anlauf soll außerhalb des Feldes beginnen und nicht zu früh nach innen gerichtet sein (nur sinnvoll, wenn das Zuspiel weit genug erfolgen kann); denn bei einem Anlauf schräg zur Flugbahn des Balles kann man Ball und Gegner gut beobachten.
5. Den Ball möglichst hoch und weit nach außen zum Angreifer spielen.
6. Nur bei überraschend flach gestellten Bällen soll man mit beiden Füßen flach in die Stemmphase hineinspringen.
7. Das Treffen von Ball und Zielraum hat Vorrang vor harten Angriffsschlägen (das erleichtert den technisch richtigen Bewegungsablauf).
8. Frühzeitig soll durch komplexere Übungsformen, etwa Hinzunahme des Aufschlages und der Annahme oder/und mehrerer Angriffsspieler, Spielnähe hergestellt werden; in komplexen Übungsformen ist weiterhin zu beachten, daß der Angriffsspieler nur dann wirksam angreifen kann, wenn er sich frühzeitig vom Netz löst und zum Anlauf zurückgeht.

Mit welcher Technik kann der frontale Angriffsschlag abgewehrt werden, und wie sieht der Bewegungsablauf für diese Technik aus?

Für die Abwehr der Schmetterschläge ist das beidarmige untere Zuspiel (Bagger), das vor allem zur sicheren Annahme des Aufschlages eingesetzt werden soll, nicht mehr sinnvoll. Während beim unteren Zuspiel der Körper gegen den Ball gestreckt wird, muß die Abwehr hart geschlagener Bälle anders erfolgen, nämlich durch die Technik der *beidarmigen Abwehr im Stand,* auch *Abwehrbagger* genannt.
Die Hauptmerkmale im Bewegungsablauf der beidarmigen Abwehr im Stand sind:
a) das Vorwärts-Abwärts-Senken des Körperschwerpunktes durch starkes Beugen der Kniegelenke und Vorschieben der Hüfte und
b) die „gegenhaltende" Annahmefläche der nebeneinander liegenden Unterarme nahe den Handwurzeln.

Welche Unterschiede bestehen in der technischen Ausführung des unteren Zuspiels und des Abwehrbaggers?

Beim unteren Zuspiel streckt sich der gesamte Körper aufwärts-vorwärts gegen den Ball, die Beinarbeit bestimmt Richtung und Geschwindigkeit des abgespielten Balles. Ein solches Entgegenstrecken bei der Abwehr eines Angriffsschlages würde die sichere Abwehr des Balles aber nur erschweren; der Ball würde mit der gleichen oder mit noch größerer Geschwindigkeit abprallen – ein Weiterspielen des Balles im eigenen Feld wäre dann kaum noch möglich. Schmetterbälle müssen deshalb vom Abwehrspieler „abgebremst" werden.

(81)

Lernhilfen zur beidarmigen Abwehr im Stand

Hände	in tiefer Spielstellung und starker Körpervorlage (Arme vor und außerhalb der Beine) beobachte ich Ball, Anlaufrichtung und Schlagarm des Angreifers	dann schiebe ich die Schultern weit nach vorne, strecke die Arme vorwärts-abwärts zwischen den Unterschenkeln vor die Fußspitzen, lege die Handflächen (wie beim unteren Zuspiel) ineinander und strecke sie hinter-unter den Ball			während ich das Gewicht über beide Fußballen weiter nach unten verlagere, wehre ich den Ball durch **„gegenhalten“** der Auftrefffläche (daumenseitige Unterarmenden) ab
Arme					
Schultern					
Hüfte		um unter den anfliegenden Ball zu kommen beuge ich die Knie stark vorwärts-abwärts, schiebe die Hüfte dabei nach vorne und richte dadurch den Oberkörper leicht auf			
Knie					
Füße					
Handgelenke					
Ellenbogengelenke					
Schultergelenk		vorwärts	–	abwärts	
Hüftgelenk					
Kniegelenke					
Fußgelenke					

Wie das Kinegramm zeigt, kann der Spieler dies erreichen, indem er durch verstärktes Beugen der Knie jede Aufwärtsbewegung gegen den Ball vermeidet und eine Auftrefffläche lediglich durch „Hinhalten der Arme“ bietet. Um Schmetterbälle so annehmen zu können, sollte ein Spieler für die Abwehr der frontal und seitlich von ihm geschlagenen Schmetterbälle eine sehr tiefe Spielstellung einnehmen. In dieser Spielstellung gewinnt man mehr Zeit für eine Abwehrreaktion und man kann sich schneller auf anfliegende Bälle einstellen.
Diese beidarmige Abwehr im Stand erfüllt in erster Linie Abwehrfunktionen. In den meisten Fällen gelangt der Ball nur ungenau oder zufällig zum Mitspieler. Ihre erfolgreiche Fortsetzung ist deshalb von dem spielerischen Einsatz aller Mitspieler abhängig. Der Anteil der Feldabwehr an allen Spielsituationen beträgt in der Schule zwar selten bis zu 10%, woraus man schließen könnte, daß ihre Schulung von untergeordneter Bedeutung sei. Doch da jede zweite Feldabwehr technisch fehlerhaft oder zu spät erfolgt, kann sie bei entsprechend richtiger Ausführung sicher größeren Einfluß auf den Spielverlauf erhalten. Ihre Fehlerquellen sind in dem Maße zu verringern, wie Ballflug und gegnerische Spieler konzentriert beobachtet werden und stets eine tiefe Spielstellung/Verteidigungsstellung eingenommen wird.

Mit welchen Übungsformen können Angriffsschlag und Feldabwehr gemeinsam geübt werden?

Die Grobform der beidarmigen Abwehr im Stand wird zunächst ohne Ball geübt. In der Vorübung beugt man die Knie sehr stark vorwärts-abwärts und senkt sie evtl. auf eine Matte ab; dadurch können das Nach-Vorne-Schieben der Hüfte, das Vorwärts-Abwärts-Strecken der geschlossenen Hände und das Aufrichten des Oberkörpers besonders geübt werden. Daran anschließend werfen sich zwei Partner mit einem beidarmigen Wurf über den Kopf den Ball so flach und kurz zu, daß nur eine beidarmige Abwehr im Stand möglich ist. Der Abstand soll etwa 6–9 m betragen und der werfende Partner erhöht stehen, so daß die Flugbahn des Balles der eines Angriffsschlages gleicht.

Übungsformen

119 zwei Spieler stehen sich in 6–9 m Abstand gegenüber: ein Spieler wirft sich den Ball selbst hoch und greift an, während der Partner abwehrt

120 zu zweit gegenüber, Abstand 6 – 9 m und wechselweise schmettern und abwehren; Varianten: mit Zuspiel im Dreierrhythmus; mit Zwischenspiel und Positionswechsel; mit Zwischenspiel und Positionstausch; mit Zusatzaufgaben wie Bauchlage, Hechtbagger, Hocksprünge usw. beim Zwischenspielen

121 zu dritt im gleichseitigen Dreieck von etwa 5 – 6 m Seitenlänge pritschen: bei einem beliebigen Zwischenspiel eines Spielers Zusatzaufgaben wie Bauchlage u. a. für die nicht ballbesitzenden Spieler, anschließend Angriffsschlag auf einen dieser beiden Spieler; Zielgenauigkeit geht vor Härte des Angriffs, denn der Ball soll im Spiel bleiben; Spiel im Dreieck läuft weiter bis zum nächsten beliebigen Zwischenspiel

122 zu dritt im spitzwinkligen Dreieck: wechselweise auf die beiden Abwehrspieler schlagen, die beim Zwischenspielen Zusatzaufgaben lösen müssen

123 je ein Spieler auf den Positionen IV und II mit Bällen sowie Abwehrspieler in einer Reihe in der Mitte der Grundlinie: die Netzspieler schlagen abwechselnd frontal auf die durch die Abwehrspieler nacheinander zu besetzenden Positionen V und I (82). Der abgewehrte Ball wird von den Spielern auf den Positionen II und IV gefangen bzw. so lange zwischengespielt, bis ihnen ein neuer Abwehrspieler gegenübersteht; Variante: mit Aufbauspielern, die den Angreifern zuspielen

124 Angriff von Position II auf Position I oder/und Position

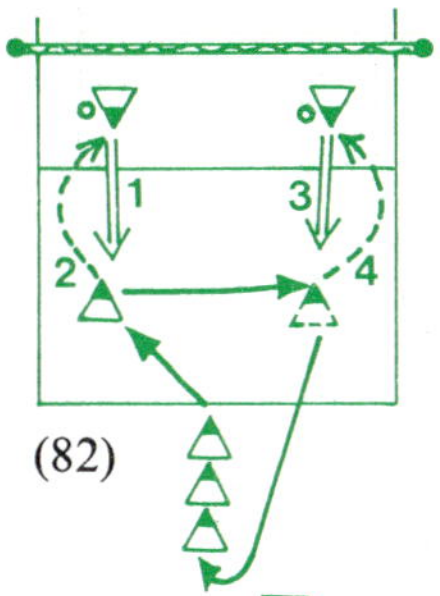
(82)

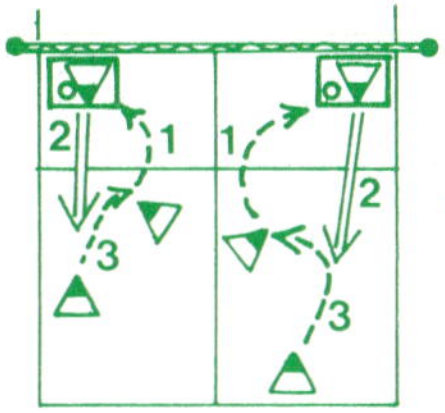
(83)

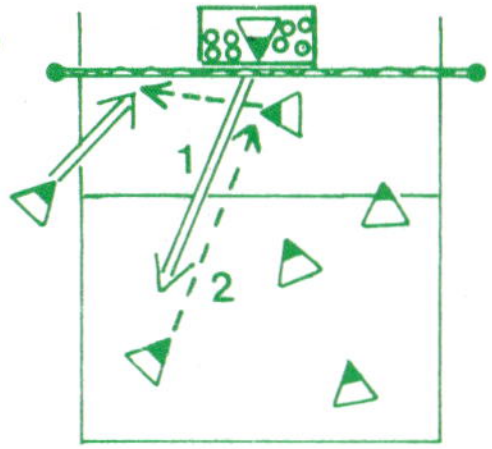
(84)

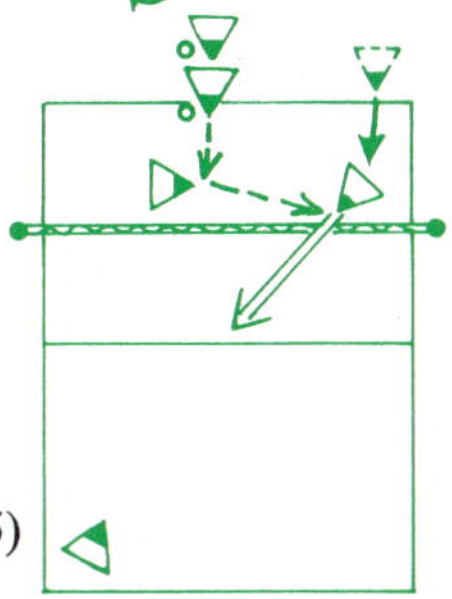
(85)

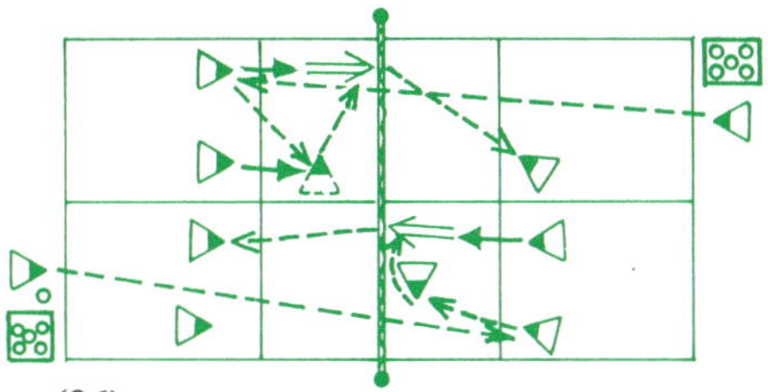
(86)

IV auf Pos. V durch erhöht stehende Angreifer nach einem Zuspiel durch den Aufbauspieler (83); Variante: Angreifer steht erhöht hinter dem Netz und schlägt Bälle zu den Abwehrspielern auf den Pos. I und V. Nach Abwehr und Aufbau Schmetterschlag von Pos. IV oder II

125 Ein Spieler steht erhöht auf der anderen Seite des Netzes und schlägt Bälle auf die Spieler im Hinterfeld. Nach Abwehr und Aufbau Schmetterschlag von II oder IV (84)

126 Anspiel von Position VI und Zuspiel von Position III mit Angriff gegen Abwehrspieler auf Position V (85); Variante: mit Anspiel, Schlagen und Abwehr auf wechselnden Positionen

127 zwei Spielreihen mit Ball senkrecht zum Netz in Höhe der Angriffslinie auf den Positionen IV und II, je ein Spieler auf Position III für das Zuspiel und im gegenüberliegenden Feld auf einer Verteidigungsposition: wechselweiser Angriff nach Zuspiel von Position III auf diese Verteidigungsposition

128 Spiel 2:2 oder 3:3: Aufschlag wird stets von demselben Spieler geschlagen; Annahme des Aufschlages, Angriffsaufbau und Feldabwehr erfolgen für einen festgelegten Zeitraum in derselben Aufstellung (Platzwechsel nach Zeit oder einer Anzahl von Aufschlägen) (86)

Wie wird eine Angriffsfinte gespielt, und mit welchen Übungsformen kann man sie erlernen?

Die *Angriffsfinte* gehört ebenso wie der frontale Angriffsschlag zu den Grundfertigkeiten des Angriffs. Unterschiede zwischen diesen beiden Techniken bestehen im Bewegungsablauf nur in der Phase der Schlagbewegung, die bei der Finte unmittelbar vor der Ballberührung angehalten wird. Die gespreizten Finger versuchen, von hinten-oben den Ball durch Abknicken im Handgelenk zu treffen und über den Block (87 b) oder rechts (87 c) bzw. links (87 a) am Block (vgl. S. 83) vorbeizuspielen.

a b c

(87) Hand- und Fingerarbeit bei der Angriffsfinte

Leider wird die Finte als Täuschung für den frontalen Angriffsschlag im Vertrauen auf die Schlagkraft beim Schmettern, aber auch, weil sie häufig nicht geübt wird, viel zu wenig gespielt. Dabei zeigt gerade der Spieler seine Spielübersicht und erkennt gegnerische Deckungslücken, der die Finte geschickt anwendet. Mit der variablen Anwendung der Finte sind alle starren Verteidigungsformationen schnell aufzulokkern. Angriffsfinten sollten deshalb vor allem gegen unbewegliche Abwehrspieler im steten Wechsel mit Angriffsschlägen eingesetzt werden.

Die Hauptmerkmale des Bewegungsablaufes nach der räumlich-zeitlichen Strukturanalyse sind nahezu identisch mit denen des frontalen Angriffsschlages. Geändert hat sich lediglich das Spielen des Balles mit den Fingern nach Anhalten der Schlagbewegung.

Übungsformen

129 zu zweit frontal zueinander im Abstand von 3 – 5 m: sich den Ball mit Doppelarmschwung anwerfen und zum Partner in maximaler Körper-/Armstreckung aktiv mit den vorderen Fingergliedern abwärts spielen (Partner wehrt ab); Varianten: seitwärts versetzt spielen; im Sprung spielen

130 mit Netz: Aufstellung gegenüber auf den Angriffslinien, Ball selbst anwerfen und als Finte über das Netz zum Partner spielen; Variante: mit Richtungsvariationen zur gleichzeitigen Verbesserung der Feldabwehr

131 nach Zuspiel durch die Position III von Position IV oder II über das Netz Finte in Zielräume (z. B. auf Position III oder in die hinteren Spielfeldecken); Varianten: Schmetterschlag und Finte im Wechsel; Angriffsart nach Absprung durch Zuruf vorschreiben

132 Finte im Zusammenhang mit den Übungen zur Verbindung von Angriff und Abwehr (vgl. Übungsformen 119–128)

Welche Regeln sollten für das individuell-taktische Verhalten beim Angriff beachtet werden?

Der wirkungsvolle Angriff ist von zwei Voraussetzungen abhängig: Erstens muß der Angreifer den Spielaufbau im eigenen Feld beobachten, sich darauf einstellen und aktiv zum Angriff sich anbieten; zweitens muß der Angreifer beachten, wie/in welcher Formation die Gegenspieler ihr Feld abdecken, um ungesicherte Stellen frühzeitig auswählen zu können. Das sind zwei Aufgaben, die der Angreifer für jeden Spielzug neu zu lösen hat. Somit kann man eine Reihe von taktischen Verhaltensweisen nennen, die als Grundlage für einen erfolgreichen Angriff anzusehen sind:

1. Spätestens dann vom Netz lösen, wenn der Ball im eigenen Feld ist, um die Anlaufposition kurz außerhalb des Angriffsraumes einzunehmen
2. Dem Zuspieler durch lauten Zuruf mitteilen, daß man den Ball schlagen will
3. Beim Anlauf das Spielfeld des Gegners und die Verteidigungsformation beobachten
4. Möglichst oft die Schlagrichtung (diagonal, long-line) wechseln und als Überraschungsmoment die Finte einsetzen
5. Die Sicherheit ist beim Angriff wichtiger als die Härte des Schmetterschlages
6. Vorsicht beim Versuch, solche Bälle direkt zu schmettern, die hoch aus dem Feld des Gegners zurückkommen; die Flugkurve ist oft weiter als erwartet, sie wird „länger“
7. Auch schlecht zugespielte Bälle müssen fehlerfrei in das Feld des Gegners gespielt werden; besser gezielt auf Lücken pritschen als einen unsicheren Schmetterschlag ausführen

Welche Regeln sollten für das individuell-taktische Verhalten in der Feldabwehr beachtet werden?

Wenn der frontale Angriffsschlag noch nicht beherrscht wird oder noch so schwach geschlagen wird, daß die verteidigende Mannschaft ohne Blockbildung am Netz spielen kann (vgl. dazu S. 83; 93), so sollte sich diese für die Feldabwehr in einem sog. „Fünferriegel" – wie bei der Annahme des Aufschlages – aufstellen (88a). Dabei ist darauf zu achten, daß sich jeder Netzspieler mit der Ausnahme des Zuspielers auf der Position III vom Netz löst, um Abwehraufgaben zu übernehmen. Bei zunehmender Treffsicherheit und Schlagstärke der gegnerischen Angriffsschläge muß der Abwehrriegel immer mehr zur Grundlinie zurückgezogen werden (88b).

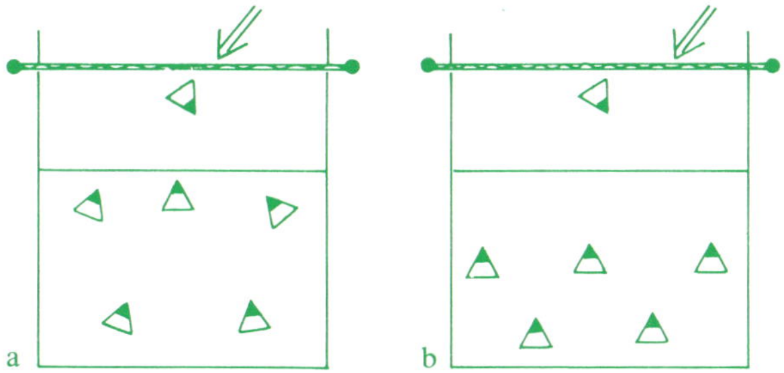

(88) Feldabwehr im Fünferriegel

Folgende taktische Verhaltensweisen erleichtern eine erfolgreiche Feldabwehr:

1. Bevor die Abwehrposition in der Verteidigung eingenommen wird, genau den Angriffsaufbau des Gegners beobachten und feststellen, wo am Netz angegriffen wird
2. Weit vom Netz gestellte Bälle kann der Angreifer nur in den hinteren Teil des Spielfeldes schmettern. In solchen Situationen den Abwehrriegel weiter zur Grundlinie zurückziehen
3. Nah an das Netz gestellte Bälle kann der Angreifer hart in den vorderen Teil des Spielfeldes schmettern. In solchen Situationen den Abwehrriegel nicht zu tief staffeln, sondern zur Angriffslinie orientieren
4. Eine Angriffsfinte frühzeitig an der fehlenden Schlagvorbereitung erkennen (der Arm wird zu früh zum Ball hin ausgestreckt)
5. Lieber zu weit hinten als zu weit vorn stehen und rechtzeitig von hinten nach vorn laufen
6. Je härter der Angriffsschlag zu erwarten ist, um so tiefer die Abwehrstellung einnehmen
7. Durch eigenen körperlichen Einsatz die Stellungs- und Spielfehler der Mitspieler ausgleichen
8. Auch „aussichtslose" Bälle noch zu erreichen versuchen und möglichst hoch weiterspielen, da Mitspieler den Ball vielleicht noch unter Kontrolle bringen können
9. Die beidarmige Abwehr ist genauer als die Abwehr mit einem Arm oder mit einer Hand; frühzeitiges Laufen in die Spielstellung ist effektiver als ein spektakulärer Hechtbagger

Welche Fehler müssen beim Angriff und in der Feldabwehr vermieden werden?

Für die charakteristischen Fehler beim Schmettern, die in den meisten Fällen auch zu Regelverstößen führen (Ball im Aus/Netzberührung), gibt es einfache Erkennungsmerkmale. Wenn der Ball auf einer fast geraden Flugkurve ins Aus fliegt, hat der Angreifer den Ball meistens unterlaufen oder/und mit dem Armzug beim Schmettern zu spät begonnen. Oft liegt es daran, daß der Angreifer seine Spielposition zum Ball falsch einschätzt (fehlerhaftes „timing") und den Stemmschritt beim Absprung vergessen oder nicht kraftvoll genug ausgeführt hat. Die schwache Betonung des Stemmschritts verleitet den Angreifer auch zu einem Nach-Vorne-Springen beim Schmettern, so daß der Ball nur mit dem Unterarm oder mit einem nicht gestreckten Arm getroffen wird. Dabei berührt man auch häufig das Netz.

Beim frontalen Angriffsschlag und bei der Finte sind die Fehler zu der *Ausführung* auf die mangelhafte Koordination beim Bewegungsablauf zurückzuführen. Die Schwächen bei der *Anwendung* der Angriffsfinte liegen dagegen zumeist im individuell-taktischen Bereich begründet. Werden Anlauf und

Absprung nicht gut vorbereitet bzw. aktiv ausgeführt und ist die angetäuschte Schlagbewegung nicht zu erkennen, dann können die Abwehrspieler frühzeitig auf eine Angriffsfinte schließen und sich dementsprechend formieren. Ein Überraschungseffekt ist dann kaum gegeben.

Das Hauptproblem bei der Feldabwehr besteht darin, daß Spieler auf einer hinteren Position das Spielgeschehen nicht verfolgen oder – zumeist aus Gründen der „Bequemlichkeit“ – nahezu aufrecht und mit durchgedrückten Knien stehen. In allen diesen Fällen sind aufgrund fehlender beweglicher Beinarbeit Reaktionen zur Ausführung schneller Richtungsänderungen nicht möglich. Deshalb kann auch bei einer unerwarteten Abwehr der Körper im Augenblick der Ballberührung kaum noch hinter den Ball gebracht werden. Das gleiche gilt für die abwehrenden Handflächen. Darüber hinaus kann eine falsche Bewegungsvorstellung dazu führen, daß der Abwehrbagger wie das untere Zuspiel ausgeführt wird.

Fehlerbilder	**Beobachtung/Ursachen/Folgen**	**Korrektur**
	Der Absprung wird nur mit einem Bein ausgeführt, weil der Spieler zu spät die Absprungstelle erreicht hat oder den Beistellschritt nicht koordinieren kann; zumeist „landet“ der Spieler im Netz oder erreicht eine zu geringe Sprunghöhe.	Vorübungen zum Absprung ohne und mit Ball wiederholen, Stemmschritt mit Wechsel des Beines ausführen, Stemmschritt als beidbeiniger flacher Schritt ausführen. Übungsformen 111, 112, 113.
	Beim Absprung wird der freie Arm nicht mit nach oben genommen, der Körper erhält eine Schräglage und der Ball wird seitlich getroffen.	Betonung des Doppelarmschwunges durch Aneinanderschlagen der Handinnenflächen in der Steigphase; Übungsformen: 107, 108, 109.

Fehlerbilder	Beobachtung/Ursachen/Folgen	Korrektur
	Der Ball wird mit dem Unterarm getroffen; der Spieler hat mit dem Armzug zu spät begonnen oder den Ball unterlaufen. Als Folge wird der Ball häufig ins „Aus“ oder ins Netz geschlagen.	Vorübungen zum Treffen des Balles wiederholen, erst niedrige Pässe schlagen, dann Höhe vergrößern; Übungsformen: 108, 114.
	Ball wird mit gebeugtem Arm gespielt, ähnlich der Armhaltung beim oberen Zuspiel. Deshalb wird der Ball von unten getroffen und kann nur noch über das Netz/den Block „gehoben“ werden.	Unterarm nach oben-vorne schleudern und Ball mit den Fingerspitzen „überdachen“, wechselweise mit frontalem Angriffsschlag üben
	Schwacher Stemmschritt und fehlende Schlagvorbereitung lassen darauf schließen, daß nicht mit einem Schmetterschlag angegriffen wird (Finte!)	In Verbindung mit dem Anlauf den Absprung mit übertriebener Ausholbewegung üben (zuerst ohne Ball)

Fehlerbilder	Beobachtung/Ursachen/Folgen	Korrektur
	Der Spieler streckt sich wie beim unteren Zuspiel dem Ball entgegen und trifft ihn bei sehr hoch gelegenem eigenem Körperschwerpunkt, so daß der Ball unkontrolliert abspringt.	Knie stark nach vorne beugen und Körperschwerpunkt absenken; Üben der Abwehrstellung aus der Bewegung heraus ohne Ball; Absitzen auf verschiedenen Medizinbällen; Vorübungen zur Feldabwehr: Übungsformen 119, 120
	In starker Vorlage „hängen“ die Arme zu tief und verbleiben in etwa in dieser Haltung. Da außerdem im Moment der Ballberührung der Oberkörper nicht aufgerichtet und das Becken nicht weiter nach vorn geschoben wird, sind Einfallswinkel und Ausfallswinkel gleich groß: der Ball prallt flach ab.	Knie weiter nach vorne beugen und das Gesäß so tief absenken, daß die Hände unter den Ball kommen können; Vorübung zur Feldabwehr über sehr kurze Entfernung; Ball unter dem Netz leicht durchwerfen, Spieler muß den Ball im Angriffsraum stehend hoch in das eigene Feld abwehren. Übungsform: 122
	Spieler wehrt im Fallen rückwärts durch Schlagen mit den Armen den Ball ab, weil er zu weit/schnell nach vorne gelaufen ist; der Ball wird senkrecht hoch gespielt oder sogar nach hinten weitergeleitet.	Übungsformen: 119, 121, wobei in der Ausgangsstellung beide Hände vor den Füßen den Boden berühren.

Was sollte bei der Überprüfung der technischen Ausführung des frontalen Angriffsschlags und der Feldabwehr beachtet werden?

Erst auf einem sehr hohen Spielniveau ist es möglich, den Angriff und die Feldabwehr gleichzeitig in einer spielnahen komplexen Übungsform auf ihre technische und taktische Qualität zu überprüfen und zu beurteilen. Deshalb sollten diese technischen Elemente zunächst jeweils in getrennten Übungsformen überprüft werden: der frontale Angriffsschlag z. B. in Übungen wie Übungsform 116 und die Feldabwehr wie in der Übungsform 124.

Da die Ausführung des Schmetterschlags in hohem Maße von der Qualität des Zuspiels abhängt, sollten in Testsituationen diejenigen Spieler, die das obere Zuspiel am besten beherrschen, auch als Zuspieler eingesetzt werden. Darüber hinaus ist es sinnvoll, den frontalen Angriffsschlag 5–8 mal zu wiederholen, weil dann wahrscheinlich einige Zuspiele so gut sind, daß der Angreifer nicht aus einer Notsituation heraus schlagen muß und alle Beobachtungsmerkmale vom Beobachter auch erkannt werden können.

Auch für die Beurteilung der Feldabwehr sollte eine größere Anzahl von Beobachtungen vorliegen, weil der Angreifer bestimmte Zielräume treffen muß, um dem Abwehrspieler überhaupt Erfolgschancen zu ermöglichen.

Die Technik und die Zielgenauigkeit des frontalen Angriffsschlags können mit Hilfe des in der Abb. 89 dargestellten Beobachtungsbogens (vgl. zur Handhabung S. 29–31) von der Lerngruppe überprüft werden.

Technik und Erfolg der beidarmigen Abwehr im Stand sind mit Hilfe des entsprechenden Beobachtungsbogens (90) zu überprüfen (vgl. dazu S. 29–31).

Beobachtungsmerkmale

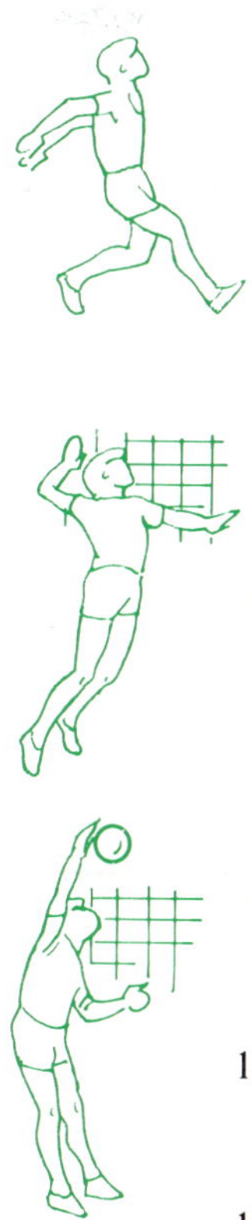

1 Wahl des Absprungortes in Abhängigkeit vom Zuspiel

2 nach langem und flachem Stemmschritt setzt der Fuß mit der Ferse auf

3 beidbeiniger Absprung über die Fußballen

4 Doppelarmschwung vor dem Körper

5 Schlagarm wird angewinkelt hinter den Kopf geführt

6 freier Arm zeigt Stabilisierungsfunktion für den Körper in seiner Flugbahn

7 leichte Bogenspannung des Körpers

8 Ellenbogen zeigt nach vorn, und Unterarm schnellt nach oben-vorne

9 bei „langem Arm" trifft die geschlossene Handfläche den Ball von oben-hinten

10 Schlagbewegung wird durch nach unten klappendes Handgelenk und aktives Beugen des Oberkörpers unterstützt

11 Erfolg

(89) Beobachtungsbogen zum frontalen Angriffsschlag (vgl. S. 29 ff.). Vollständig ausgeführte Beobachtungsbögen liegen hierzu in Form von Abreißblöcken vor (vgl. „Arbeitsblätter für Volleyballspieler").

Beobachtungsmerkmale

1 reaktionsbereite tiefe Spielstellung; das Gewicht ist auf beide Fußballen verteilt

2 Knie und Hüfte werden nach vorne-unten geschoben

3 bei nach vorn gestreckten Schultern und Ellenbogen liegen die Unterarme nebeneinander, und die Handflächen sind ineinander gelegt

4 die ballspielende Fläche befindet sich vor und zwischen den Knien

5 Hüfte und Knie sind weit vor den Fußballen

6 Oberkörper ist nahezu aufrecht

7 ballspielende Fläche stößt unter-hinter den Ball

8 Erfolg

(90) Beobachtungsbogen zur beidarmigen Abwehr im Stand (vgl. S. 29 ff.). Vollständig ausgeführte Beobachtungsbögen liegen hierzu in Form von Abreißblöcken vor (vgl. „Arbeitsblätter für Volleyballspieler“).

Welcher Aufschlag ist als Angriffsaufschlag besonders geeignet, und wie läuft die Bewegung ab?

Mit dem Aufschlag von unten (vgl. S. 79 f.) sollte ein Mitspieler im anderen Feld zielgenau angespielt werden, um der annehmenden Mannschaft die sichere Annahme und einen günstigen Spielaufbau zu ermöglichen („Ball in der Luft halten“). Unter dem normalen Spielgedanken kann der Aufschlag aber auch schon vom Anfänger erfolgreich als Angriffselement eingesetzt werden. Dazu eignet sich der Aufschlag von unten weniger, weil seine Flugkurve leicht zu berechnen ist und die Geschwindigkeit des Balles gering bleibt. Grundsätzlich gilt allerdings, daß ein Aufschlag schon als Angriffselement wirkungsvoll ist, wenn er sehr hart und schnell oder so geschlagen wird, daß seine Flugkurve für den annehmenden Spieler schwierig zu berechnen ist. Unter den betont als Angriffsmaßnahme einsetzbaren Aufschlagarten ist der *frontale Aufschlag von oben,* auch „Tennisaufschlag“ genannt, für den Anfänger deshalb zu empfehlen, weil er im Vergleich zu anderen Arten des Angriffsaufschlages – wie die verschiedenen Formen des Flatteraufschlages und des Hakenaufschlages – mit geringem Risiko zu spielen und sein Bewegungsablauf leichter zu erlernen ist. Der Aufschlag von oben kann mit großer Kraft geschlagen werden und läßt dem Gegner daher kaum Zeit zur Vorbereitung einer sicheren Annahme. Die starke Vorwärtsrotation des Balles bei Einwirkung der Luftkräfte verkürzt die Flugkurve in Richtung vorne–unten und erschwert ihre Vorausberechnung durch den annehmenden Spieler (vgl. Abb. 92).

Die Hauptmerkmale im Bewegungsablauf des frontalen Aufschlages von oben sind:

a) der Doppelarmschwung als Schlagvorbereitung und

b) das Aufwärts-Vorwärts-Schlagen der Schlaghand mit dem explosiv abklappenden Handgelenk.

(91)

Lernhilfen zum frontalen Aufschlag von oben

	1	2	3–4	5	6–7	8–9
Hände Arme Schultern	ich stehe in leichter Schrittstellung frontal zum Feld und umfasse den Ball mit beiden Händen	mit beiden Händen werfe ich den Ball etwa 1–2 m hoch über die Schlagschulter an und	setze die Ausholbewegung nach oben-rückwärts solange fort, bis die Schlaghand hinter den Kopf zurückgeführt ist (freier Arm ausgleichend vor dem Körper)	dabei schwinge ich den Schlagarm nach oben-vorne	und treffe den Ball bei langem Arm und lockerem Handgelenk mit der gesamten Handfläche (die Hand „überdacht" den Ball)	nach dem Schlag schwinge ich den Arm nach vorne aus
Hüfte Beine Füße			in leichter Bogenspannung liegt das Gewicht auf dem vorderen Bein	ich strecke mich aus der Bogenspannung und Körperverwringung nach oben-vorne		

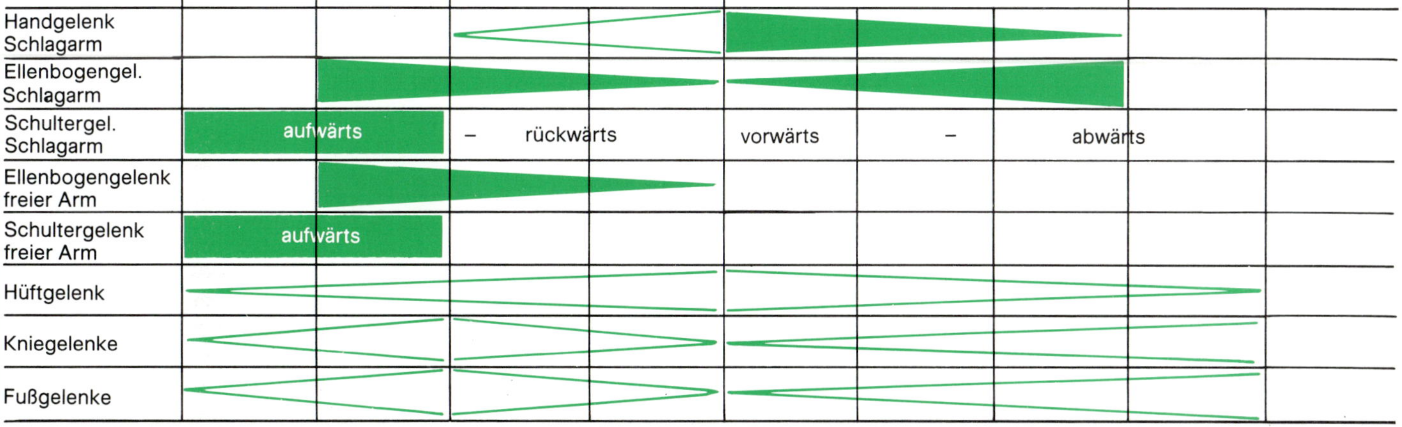

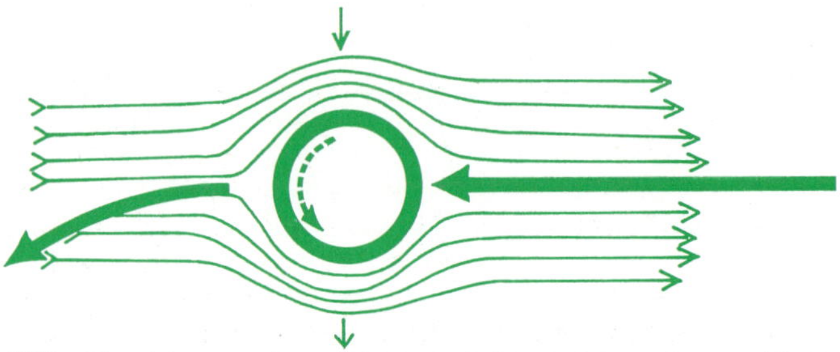

(92) Einwirkungen der Luftkräfte auf einen mit Rotation geschlagenen Ball (Seitenansicht)

Für das Erlernen und Verbessern des Angriffsaufschlages können die gleichen Übungsformen gewählt werden, wie sie für den Aufschlag von unten beschrieben wurden (vgl. S. 50).

Welche Regeln sollten für das individuell-taktische Verhalten beim Angriffsaufschlag beachtet werden?

Beim Anwenden des Tennisaufschlages und bei allen anderen Arten von Angriffsaufschlägen sind einige taktische Regeln umzusetzen, um dem Gegner seinen erfolgreichen Angriff zu erschweren.

1. Wenn mehrere Aufschläge hintereinander geschlagen werden, dann verändere die Fluggeschwindigkeit des Balles und den Zielraum oder die Art des Aufschlages
2. Wenn die Position oder der Laufweg des gegnerischen Zuspielers bekannt ist, dann schlage den Aufschlag so, daß der Zuspieler von seinen Mitspielern den Ball in einem ungünstigen Winkel erhält
3. Plaziere den Aufschlag in die Spielfeldecken, in die Nähe der Grundlinie oder kurz hinter das Netz, weil diese Bereiche schwierig abzudecken sind
4. Schlage den Ball auf den Spieler mit der schwächsten Annahme oder genau zwischen zwei Spieler in der Abwehr
5. Schlage den Ball auf den Hauptangreifer, den Zuspieler oder auf einen gerade eingewechselten Spieler
6. Schlage einen sicheren und keinen risikoreichen Aufschlag, besonders nach Auszeiten und einem Spielerwechsel, nach langen Ballwechseln und nach vorhergehenden Aufschlagfehlern der Mannschaftskameraden.

2. Abwehr am Netz

Was muß man beim Block beachten, und wie sieht der Bewegungsablauf für diese Technik aus?

Wenn das Zuspiel sehr sicher ist und die Angriffsleistungen so erfolgreich sind, daß beide Mannschaften die meisten Schmetterbälle nicht mehr abwehren können, müssen die Möglichkeiten zur Abwehr des Angriffs verstärkt werden. Das geschieht durch die Bildung eines sog. *„Blocks"*, um den geschlagenen Ball direkt am Netz abzuwehren. Diese Abwehrtechnik ist erst spät in das Regelwerk aufgenommen worden, weil mit dem Block der Ball direkt auf den gegnerischen Boden gespielt werden kann und dadurch die Spielidee des Mannschaft-Rückschlagspiels Volleyball beeinträchtigt wird. Damit der Spielfluß durch die Blockabwehr aber nicht so schnell unterbrochen wird, sind die Regeln für das Blockieren sehr genau und umfangreich gefaßt worden:

„... der Block ist eine Spielhandlung, um einen vom gegnerischen Feld kommenden Ball – einschließlich des Aufschlageballes – über der Netzoberkante abzuwehren. Der Block darf nur von Netzspielern – einzeln oder in Gruppe – ausgeführt werden. [...]

Die Mannschaft, die einen Block ausgeführt hat, erhält danach das Recht auf drei weitere Ballberührungen, um den Ball ins gegnerische Feld zurückzuspielen. [...]

Jeder Spieler, der einen Block ausgeführt hat, darf auch die folgende Ballberührung vollziehen: diese Berührung wird dann als die erste der drei gestatteten Ballberührungen angesehen.

Berührt der Ball mehrere Teilnehmer eines Gruppenblocks, so gilt dies nur als eine Berührung, auch wenn er die Blockspieler nicht gleichzeitig berührt. [...]

Die Grundspieler dürfen keinen Block ausführen. Sie dürfen jedoch den Ball in jeder Entfernung von den Blockspielern annehmen.

Blockspieler dürfen mit den Händen oder Armen über das Netz, d. h. ins gegnerische Feld reichen.

Nach der dritten Ballberührung des Gegners ist es immer erlaubt, einen Block über dem gegnerischen Feld auszuführen. Wenn nach einer ersten oder zweiten Ballberührung des Gegners der Ball in Richtung auf das eigene Feld fliegt, darf der Block nur dann mit über das Netz greifenden Händen oder Armen ausgeführt werden, wenn durch diese Handlung die gegnerischen Spieler nicht an der Ausführung der zweiten bzw. dritten Ballberührung behindert werden [...]." (Regel 17)

Der Einerblock und der Zweierblock sind die zwei häufigsten Abwehrmaßnahmen am Netz.

Hauptmerkmale im Bewegungsablauf des Blockierens sind:

a) der vertikale Absprung aus dem Stand/nach side-steps und

b) das Blockieren der Schlagrichtung durch die nebeneinanderliegenden gespannten Handflächen mit den gestreckten und gespreizten Fingern.

Der Einerblock sperrt die Anlaufrichtung des gegnerischen Angreifers. Dazu muß man immer auf der Höhe des Gegenspielers sein.

Beim Zweierblock sperrt der äußere Spieler den Angreifer. Der aufschließende innere Blockspieler (meistens der Spieler auf der Position III) läuft mit schnellen Schritten parallel zum Netz bis neben den äußeren Blockspieler, der durch seine Stellung stets angibt, wo der Block gebildet werden muß. Nach einem Stemmschritt setzt der von innen aufschließende Blockspieler seine Füße schräg zur Anlaufrichtung zum Netz hin auf und dreht den Körper in der Luft zum Ball hin. Mit den Händen wird die scharf diagonal liegende Schlagrichtung des Angreifers gesperrt.

Insgesamt ist in Oberstufen-Volleyballkursen der Anteil des Blockierens an den gesamten Ballaktionen nur sehr gering und wird in den seltensten Fällen 10% erreichen. Dennoch beeinflußt seine taktische Anwendung bereits den gegnerischen Angreifer erheblich und erleichtert die Aufstellung der Feldverteidigung einer Mannschaft. Denn Arme und Hände ver-

(93)

Lernhilfen zum Einer- und Zweierblock

	1	2	3	4	5	6	7
Hände Arme Schultern	als Einerblock sperre ich die Anlaufrichtung des gegnerischen Angreifers und habe nahe am Netz Arme und Handflächen in Oberkörperhöhe abwehrbereit	(immer auf der Höhe meines Gegenspielers) sind die Hände bereit zum Blockieren		führe die Arme eng am Körper nach oben und springe senkrecht aus starker Kniebeuge ab (wenig nach dem Angreifer quer zu seiner Anlaufrichtung)	gegen Schlagrichtung und Ball strecke ich die gestreckten, gespreizten und gespannten Finger (Hände fast ballbreit auseinander) über die Netzkante		nach der Ballberührung ziehe ich die Hände in das eigene Feld zurück und orientiere mich vor der Landung auf beiden Füßen wieder zum Ball
Hüfte Beine Füße		als innerer Blockspieler laufe ich mit Seitstellschritten oder parallel zum Netz bis knapp neben den äußeren Blockspieler,	bremse durch Stemm- und Beistellschritt und drehe mich frontal zum Netz,		dabei beuge ich den Oberkörper leicht nach vorne und bringe auch die Beine ausgleichend nach vorne		
Handgelenke							
Ellenbogengelenke							
Schultergelenk		vorwärts		–	aufwärts		
Hüftgelenk							
Kniegelenke							
Fußgelenke							

sperren die gerade und kraftvolle Schlagrichtung des Angreifers, der damit gezwungen ist, am Block vorbeizuschlagen. Sie bilden einen sogenannten „Blockschatten“, der von den Verteidigungsspielern gegen harte Angriffsschläge nicht abgedeckt zu werden braucht.

Mit welchen Übungsformen können Technik und Taktik des Einer- und Zweierblocks erlernt werden?

Die Technik des Blockierens ist leicht auszuführen. Viel Übung gehört jedoch zum Erlernen der schnellen seitlichen Bewegung am Netz und des Absprungs zum richtigen Zeitpunkt (timing) sowie der Vorausberechnung der Schlagrichtung des Angreifers. Während die schnellen seitlichen Nachstellschritte auch erhebliche Anforderungen an die Koordination (vgl. dazu Kap. 5) stellen, ist beim seitlichen Anlauf zum Block wie beim Anlauf zum frontalen Angriffsschlag das Umsetzen der Anlaufgeschwindigkeit in den vertikalen Absprung besonders wichtig. Abb. 94 zeigt, daß beim Anlauf nach rechts der linke Fuß (in diesem Fall Schritt 4) nach leichter Drehung zum Netz hin abbremst und stemmt, während der rechte Fuß (Schritt 5) durch das parallele Beistellen die Drehung zum Netz hin verstärkt.
Nach einigen Übungen zur Schulung des Bewegungsablaufs (vgl. Übungsform 133) werden in den sich anschließenden Übungen die flach über ein niedriges Netz gepritschten oder geschlagenen Bälle blockiert. Da die physischen Anforderungen beim häufigen Blockieren sehr hoch sind und die Koordination und die Wahrnehmungsfähigkeit dabei nachlassen, sollten die Übungsformen so organisiert werden, daß zwischen den Sprüngen kleine Pausen eingelegt werden. Die Netzhöhe soll so hoch sein, daß im Sprung die Handwurzeln die Netzoberkante erreichen.

Übungsformen

133 ohne Ball: Hände im Sprung über die niedrige Netzkante strecken, Hände fast ballbreit auseinander und Finger gespreizt gespannt (95); Varianten: am Netz stehen mehrere Spieler auf Kästen und halten einen Ball über die Netzkante. Nach Absprung aus dem Stand sollen die gestreckten Hände gegen den Ball drücken; Spieler gehen mit Seitstellschritten am Netz entlang und blockieren die gehaltenen Bälle; über dem Netz wird ein Ball übergeben

134 je ein Spieler auf der Position II und IV, auf der anderen Netzseite stehen zwei Spieler erhöht und halten einen Ball über das Netz, alle anderen Spieler stehen hintereinander auf der Position III; von der Position III laufen diese Spieler auf die beiden Angriffspositionen II und IV und bilden dort einen Doppelblock gegen die gehaltenen Bälle (96)

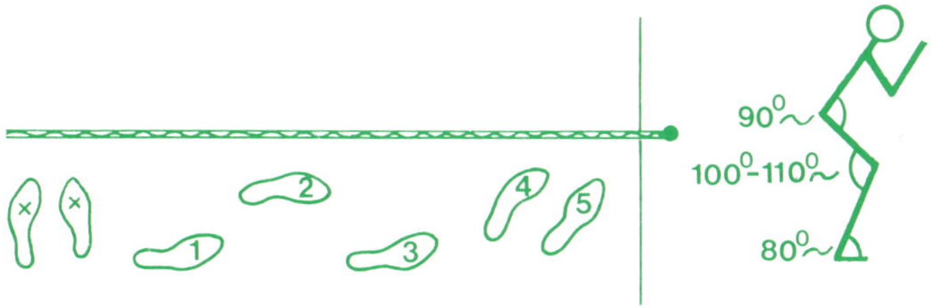

(94) Absprunghaltung und seitliche Beinarbeit beim Blockieren

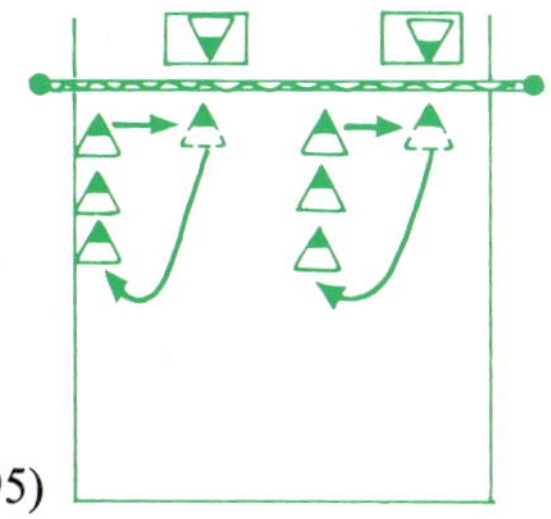

(95)

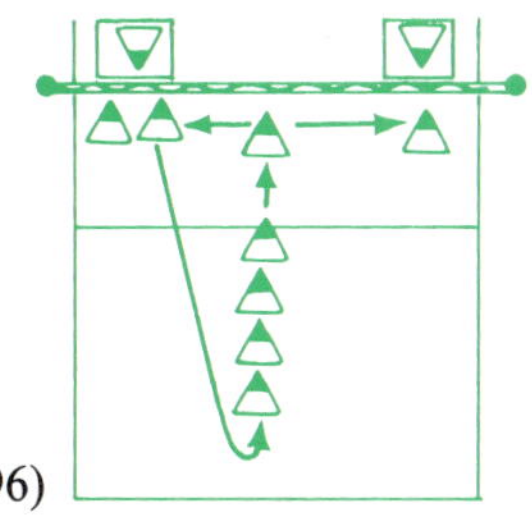

(96)

135 auf mehreren kleinen Kästen stehen die Angreifer ihren Blockspielern im anderen Feld gegenüber: Ball hoch anwerfen und im Stand zuerst in den Block schlagen. Mit fortschreitendem Blockerfolg auch versuchen vorbeizuschlagen (diese Übung kann auch mit Sicherungsspielern und Finte gespielt werden)

136 Angreifer stehen erhöht auf Kästen; versetzt zu ihnen auf der gegenüberliegenden Netzseite die Blockspieler mit Ball: Blockspieler werfen dem Angreifer den Ball zu, um nach side-step den frontalen Angriffsschlag zu sperren (Schlagkraft bei Verbesserung der Handarbeit des Blockspielers erhöhen)

137 ein Spieler steht auf der Position II, ein anderer steht auf der Position IV, beide stehen erhöht auf einem kleinen Kasten und haben einen Ball; die Spieler auf den gegenüberliegenden Netzpositionen II, III und IV bilden jeweils dort einen Doppelblock, wo die Spieler auf den Kästen den Ball hochwerfen (Ersatzbälle bereithalten)

138 auf der Position II einen Einerblock bilden gegen den Angriff von der gegnerischen Position IV; Varianten: auf den Positionen IV (III) nach Angriff von den gegnerischen Positionen II (III)

139 bei Angriffen von den gegnerischen Positionen IV und II jeweils auf den Positionen II und IV einen Doppelblock bilden; Varianten: der freie Netzspieler wehrt mit ab; für die Abwehr auch die Positionen im Hinterfeld besetzen (97)

140 Angriffsaufbau von der Position III, Angriff jeweils von der Position II und IV; die gegenüberliegende Pos. III bildet mit einem Außenspieler immer auf der Position einen Doppelblock, wo der Angriff erfolgt; der Außenspieler wechselt nach jedem Block die Außenposition (Wechsel der Blockspieler nach 5–8 Sprüngen, die Häufigkeit der Angriffe steigt mit der technisch-taktischen Qualität beim Blockieren) (98)

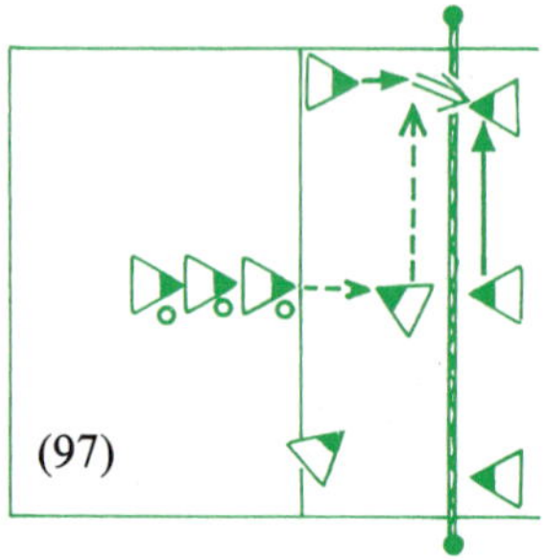
(97)

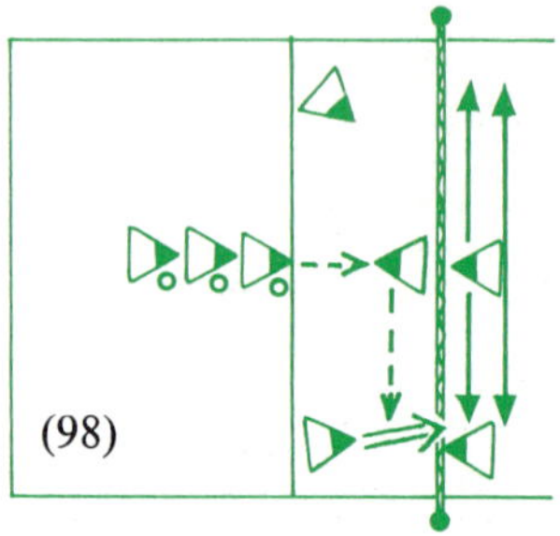
(98)

Welche Regeln sollten für das individuell-taktische Verhalten beim Blockieren beachtet werden?

Auf der Seite der Abwehrspieler ist das Zusammenspiel vieler Faktoren für ein erfolgreiches Blockieren notwendig. Neben der Reaktionszeit des jeweiligen Blockspielers, seiner Reichhöhe und seinen allgemeinen motorischen Möglichkeiten (z. B. Sprungkraft, Koordination) bestimmen vor allem taktische Maßnahmen die Erfolgschancen der Abwehr am Netz. Es sind dies:

– die Zahl der Spieler, die sich am Block beteiligen, da die Sperre gegen den gegnerischen Angriffsschlag durch zwei Spieler breiter aufgebaut werden kann (dadurch vergrößert sich gleichzeitig der Blockschatten und die Erfolgswahrscheinlichkeit in der Feldverteidigung)

– die Wahl der Absprungstelle und des Zeitpunktes für den Absprung (timing) in Abhängigkeit von Anlaufrichtung des Angreifers und Höhe des zugespielten Balles

– die Spielerfahrung (Routine) und die taktischen Möglichkeiten der Blockspieler. Dabei richtet sich die Handhaltung (99 a) nach der Anlaufrichtung des Angreifers. Der zumeist in Verlängerung dieser Richtung geschlagene Ball kann dann nach dem Gesetz „Einfallwinkel = Ausfallwinkel" in das gegnerische Feld zurückgeblockt werden (99 b, c, d)

– das Übergreifen gegen alle nahe am Netz ausgeführten Angriffsschläge.

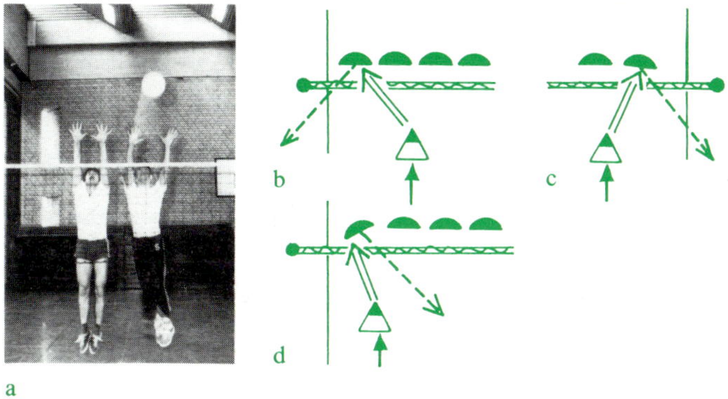

(99) Handhaltung beim Blockieren, Schlagrichtung und Richtung des abgeprallten Balles

Die taktischen Möglichkeiten der Blockspieler sind in erster Linie von ihrem Vermögen, Spielsituationen zu erkennen, deren Fortführung vorherzusagen und mit individuell taktischem Verhalten zu beantworten, abhängig. Dabei erhöhen folgende Verhaltensweisen die Erfolgswahrscheinlichkeit der Blockspieler:

1. Versuche immer dort am Netz zu stehen, wo der gegnerische Netzspieler steht
2. Versuche aus dem gegnerischen Angriffsaufbau möglichst früh die Netzposition zu erkennen, von der aus angegriffen wird; der nicht blockierende Netzspieler kann dann rechtzeitig die Feldverteidigung verstärken
3. Wird der Ball jedoch im oberen oder unteren Zuspiel über das Netz gespielt oder aus größerer Entfernung vom Netz geschmettert, schnell vom Netz lösen und Aufgaben in der Feldverteidigung übernehmen
4. Erst kurz nach dem Angreifer hochspringen; bei großen Angreifern, weit vom Netz entfernt gestellten Bällen und bei sehr hohen Pässen für den Angreifer noch später abspringen (die Hände sperren den Ball dann, wenn der Angreifer ihn getroffen hat)
5. Bei einem Einerblock die Hauptschlagrichtung abdecken. Das ist auf den Netzaußenpositionen oft die Diagonale, die meistens der Anlaufrichtung des Angreifers entspricht
6. Beim Zweierblock als Außenspieler in erster Linie den Ball mit der äußeren Hand blocken. Als Innenspieler auf der Position III zum jeweiligen Außenspieler aufrücken und die Hauptschlagrichtung blocken
7. Kann der Angriffsschlag nicht in das gegnerische Feld geblockt werden, sofort zum eigenen Feld orientieren, um abgewehrte Bälle weiterspielen zu können.

Welche Fehler müssen beim Blockieren vermieden werden?

Die Abwehr am Netz wird immer dann erfolglos bleiben, wenn der/die Blockspieler an der falschen Stelle und zu früh oder zu spät den Block bilden. Zusätzlich kommt für die Bildung des Zweierblocks erschwerend hinzu, daß den Angreifer und den zugespielten Paß jetzt zwei Spieler für ihre Position zueinander und die taktischen Maßnahmen beobachten müssen.

Deshalb sollte bei der Schulung des taktischen Einsatzes der Blockspieler vor allem auf die richtige Bildung des Zweierblocks das Augenmerk gerichtet sein. Darunter fallen das gemeinsame timing und der geschlossene Block (vgl. Abb. 99a).

In den Hauptfehlern beim Blockieren wird das Zusammenspiel von motorischen Aktionen und taktischem Verhalten naturgemäß besonders deutlich. Aus der fehlenden Umsetzung des Anlaufs in Sprunghöhe resultiert in den meisten Fällen eine Netzberührung. Und die noch unzureichend ausgebildete Koordination mit dem Nebenspieler führt fast immer zur falschen Einschätzung des Zeitpunktes für den Absprung. So einfach es von außen ist, diese Fehler zu erkennen, so verlangt ihre Beseitigung doch intensives Üben.

Abwehr am Netz

Fehlerbilder	Beobachtung/Ursachen/Folgen	Korrektur
	Der Spieler blockt zu weit vom Netz entfernt, die Hände reichen nicht über das Netz und der Ball wird zwischen Körper und Netz in das eigene Feld abgelenkt.	Ausgangsstellung nahe am Netz; das Überlangen trainieren; Übungsformen 133, 135
	Die Ausgangsstellung zum Blockanlauf wird zu weit vom Netz entfernt eingenommen; der Anlauf erfolgt dann mit dem vorherrschenden Ziel, das Netz noch zu erreichen, so daß der Absprung in die Weite führt und die Gefahr der Netzberührung verstärkt gegeben ist.	Stemmschritt nach dem Anlauf zum Block üben, Absprung und Überlangen aus einer Ausgangsstellung nahe am Netz; Übungsform 134
	Der Blockspieler springt zu früh ab, er sollte nach dem Angreifer springen, andernfalls wird bei hohen Pässen über den schon „fallenden“ Spieler angegriffen.	Üben des timings in Verbindung mit dem Anwenden individuell-taktischer Regeln; Übungsformen 138, 139

Unbedingte Konzentration auf Anlaufrichtung und Schlaghand der Angreifer, die möglichst immer den gleichen Schmetterschlag/Finte versuchen, ist Voraussetzung zur allmählichen Fehlerkorrektur. Da die Aufeinanderfolge der Blockaktionen nicht so dicht erfolgen kann wie etwa fortlaufendes Pritschen oder Baggern, darf in den Unterbrechungen bei taktischen Fehlern jede Aktion korrigiert werden.

Wie kann man das taktische Verhalten und die technische Ausführung beim Blockieren überprüfen?

Eine Überprüfung des Erfolgs bei der Abwehr am Netz ist erst dann sinnvoll, wenn die Angriffsleistungen den Anforderungen der entsprechenden Übungsformen zu mehr als 50% genügen. Da darüber hinaus der Erfolg des Blocks in hohem Maße von dem individuell-taktischen Verhalten der Blockspieler abhängig ist, müssen auch die Erfolgsüberprüfungen in solchen Spielsituationen stattfinden, die taktische Anforderungen an die Blockspieler stellen. Das sind z. B. Übungen wie 138 und 139.

Die Möglichkeit für den Anfänger, technisch und vor allem taktisch richtig blockieren zu können, wird weitestgehend durch die Vorbereitung und Ausführung des Angriffs bestimmt. Ähnlich wie bei der Überprüfung der Feldabwehr ist deshalb auch beim Blockieren eine größere Anzahl von Versuchen, etwa 8–10, zu beobachten.

Das Hauptaugenmerk einer Analyse der Blocktechnik liegt in der Beobachtung der Wahl des Absprungortes, dem Erfassen des timings und dem Festhalten der Handarbeit (vgl. S. 29–31).

Demgegenüber sind die anderen Teilbewegungen des Bewegungsablaufes leichter auszuführen. Sie haben auch geringeren Einfluß auf die Effektivität des Blocks und sind leichter zu beurteilen und in wenigen Beobachtungen zu erfassen.

Beobachtungsmerkmale

1 immer auf Höhe des Gegenspielers frontal zum Netz mit halber Armlänge Abstand; sprung- und bewegungsbereite Körperhaltung, die Handflächen zeigen in Schulterhöhe zum Netz

2 Einnahme der Absprungposition (evtl. nach Anlauf) frontal zur Anlaufrichtung des Angreifers

3 sicherer Stand vor dem Absprung

4 beidbeiniger Absprung aus tiefer Kniebeuge zeitlich kurz nach dem Angreifer

5 Arme strecken eng am Körper nach oben

6 Handflächen und Unterarme reichen über die Netzkante

7 Oberkörper beugt leicht in der Hüfte ab

8 Spieler „steht“ in der Luft

9 mit fast ballbreitem Abstand zwischen den Daumen werden die gespannten und gespreizten Finger gegen die Schlagrichtung und den Ball gestreckt

10 Erfolg

(100) Beobachtungsbogen zum Einerblock (vgl. S. 29 ff.). Vollständig ausgeführte Beobachtungsbögen liegen hierzu in Form von Abreißblöcken vor (vgl. „Arbeitsblätter für Volleyballspieler“).

3. Taktik auf dem Normalfeld

Mit welchem Spielsystem kann man die Feldverteidigung organisieren?

Der Aufschlag von oben, der frontale Angriffsschlag und die Angriffsfinte sind Angriffstechniken im Volleyballspiel, die eine Mannschaft zwingen, ihr Spielfeld gegen diese Angriffselemente durch eine organisierte Verteidigung wirksam abzuschirmen.

Die Aufstellung der Spieler in der Feldverteidigung ist davon abhängig, ob am Netz ein Block gebildet wird und wenn ja, wo am Netz blockiert wird und wieviel Spieler diesen Block bilden (Einerblock/Zweierblock). Bei diesen grundlegenden Merkmalen gibt es für jedes System der Feldverteidigung keine alternativen Lösungswege, weil alle Abwehrsysteme die gleichen Aufgaben erfüllen müssen:

- der Teil des Feldes, der vom Gegner durch harte Angriffsschläge bedroht wird, muß gut abgedeckt sein und
- der Raum hinter dem Block muß gegen die vom Block abspringenden oder am Block vorbeifintierten Bälle geschützt werden.

Die Feldverteidigung mit dem Spielsystem der „vorgezogenen Position VI“ ist vor allem für Anfänger leicht durchschaubar und erlernbar, aber auch auf einem höheren Leistungsniveau erfolgreich zu spielen. Wie die Bezeichnung sagt, ist in diesem Spielsystem der Spieler auf der Position VI aus der Verteidigung des Hinterfeldes etwas nach vorne herausgezogen. Er muß in der unmittelbaren Nähe des Blocks das Feld bzw. den Block „sichern“, d. h. alle in das vordere Mittelfeld gespielten oder vom Block abgesprungenen Bälle weiterspielen. Die Grundspieler auf den benachbarten Positionen I und V verteidigen gemeinsam das Hinterfeld und werden dabei von dem nicht blockierenden Netzspieler unterstützt, der sich bis zur Angriffslinie vom Netz löst. Der Spieler auf der Position VI übernimmt im Blockschatten Abwehraufgaben. Der Blockschatten ist der Bereich auf dem Spielfeld, der durch den Block vor harten Schmetterschlägen abgeschirmt wird (101 b/d). Die drei Spieler in der Feldverteidigung müssen Blickkontakt zum Ball und zum gegnerischen Angreifer halten. Die Feldverteidigung im System der „vorgezogenen Position VI“ ist der Annahme im „Fünferriegel“ und auch der Verteidigung ohne Block (vgl. Abb. 74 und 88) sehr ähnlich.

Die Aufstellung beim Einerblock: Bei einem Einerblock z. B. auf der Position II bei einem Angriff von der gegnerischen Position IV (101 a/b) müssen sich die freien Netzspieler auf den Positionen III und IV vom Netz lösen. Sie haben die Aufgabe, alle in das Vorderfeld gespielten Bälle abzuwehren. Damit helfen sie auch den Grundspielern, das Hinterfeld gegen Angriffe zu verteidigen. Die „Sicherung“ des Blocks durch die vorgezogene Pos. VI erfolgt in Höhe der Drei-Meter-Linie hinter dem Block. Um diese Position rechtzeitig einnehmen zu können, muß der Spieler auf der Position VI stets auf Ballhöhe beim Aufbau des gegnerischen Angriffs sein; damit sind für ihn auch längere Laufwege verbunden. Bei der Feldverteidigung müssen die Grundspieler auf den Positionen I und V jeweils ihre Ausgangsstellung variieren. Sie muß immer so weit hinten und so tief gestaffelt sein, wie die Härte des Angriffsschlages es vermuten läßt. Diese Aufgabenverteilung gilt auch für den Fall, wenn einmal auf der Position III (101 c/d) ein Einerblock gebildet wird.

Die Aufstellung beim Zweierblock: Auf dem Normalfeld sollten die Angriffsschläge vorwiegend im Zweierblock abgewehrt werden. Bei einem Spielaufbau mit einem hohen Zuspiel durch die gegnerische Position III hat der Spieler auf der eigenen Position III genügend Zeit, diesem Zuspiel zu folgen und zu einem Zweierblock aufzuschließen. Gegenüber dem Einerblock wird dadurch die Netzabwehr erheblich verstärkt und außerdem der Aufgabenbereich der Hinterspieler besser festgelegt als beim Einerblock.

Die Position VI muß als nahe Sicherung des Blocks unmittelbar im Blockschatten (102 a/b) stehen. Sie muß beim eigenen Spielaufbau den Zuspieler auf der Position III auch unterstüt-

(101) taktische Aufstellung bei der Verteidigung mit Einerblock

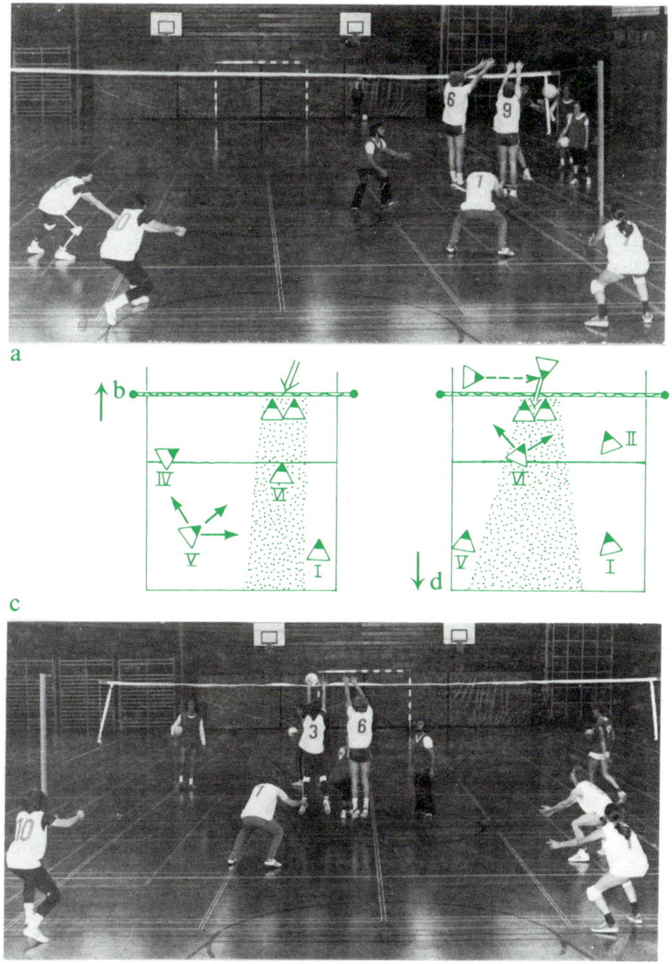

(102) Verteidigung mit Zweierblock

zen, um z. B. einen schlecht auf die Position III gespielten Ball selbst zu den Angriffspositionen am Netz (Position II/IV) weiterzuspielen.
Der Zweierblock und die Feldverteidigung durch die Spieler auf den Positionen I und V zeigen jedoch auch einen Nachteil, der mit diesem Abwehrsystem verbunden ist: der große Raum im Blockschatten vor der Grundlinie ist nicht abgedeckt. Dieser Raum ist durch den Block gegen direkte Schmetterschläge zwar abgeschirmt, doch kann der Angreifer mit einem plazierten und nicht so kraftvollen Schmetterschlag den Ball über den Block in diesen Teil des Spielfeldes schlagen. Solche Bälle fliegen aber nicht so schnell und sind von den Positionen I und V aus nach einem kurzen Laufweg und mit dem Einsatz von Varianten des unteren Zuspiels (Fallen seitwärts, Hechtbagger) noch erfolgreich abzuwehren.
Nur selten wird auf der Position III ein Doppelblock gebildet. In solchen Situationen schließt jeweils der Netzspieler zur Position III auf, von dessen Seite im gegnerischen Feld das Zuspiel für den Angriff gekommen ist. Der zweite Blockspieler (102 c/d) folgt immer dem ihm gegenüberstehenden Angreifer, der auf die Position III wechselt (hier der Spieler auf der Position IV).

Wie kann der Angriff gesichert werden, wenn die gegnerische Mannschaft einen Block bildet?

Um die Verteidigung gegen harte Angriffsschläge zu verbessern, wird am Netz ein Block gebildet. Der Erfolg der angreifenden Mannschaft ist auch davon abhängig, ob die von dem Block in das eigene Feld zurückspringenden Bälle noch weitergespielt werden können und ob ein neuer Spielaufbau möglich ist. Das verlangt von den Nebenspielern des Angreifers eine große Aufmerksamkeit und ein besonderes taktisches Verhalten: jeder Spieler übernimmt einen bestimmten Bereich des Spielfeldes, um die vom Block zurückspringen-

(103) 2-3-Sicherung im Spielsystem mit der vorgezogenen Position VI

a

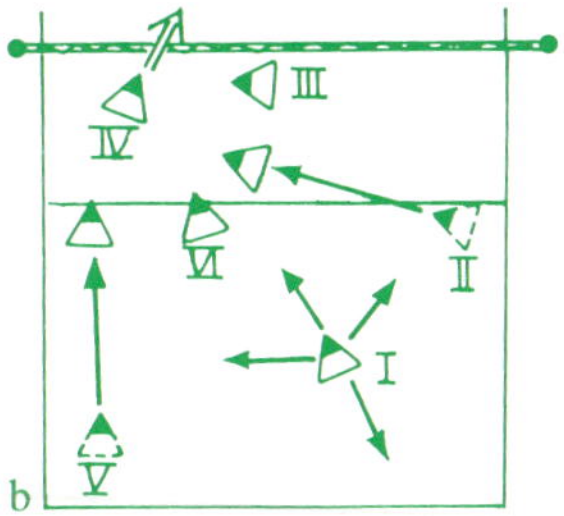

(104) verstärkte Nahsicherung b

den Bälle wieder anzunehmen. Das ist die Angriffssicherung. Im Spielsystem der „vorgezogenen Position VI" gilt für die Sicherung des eigenen Angriffs, daß immer der bzw. die direkten Nebenspieler des angreifenden Spielers und der Spieler auf der Position VI eine sog. „Nahsicherung" übernehmen. Für eine sog. „Fernsicherung" gegen die weit zurückspringenden Bälle sind die anderen Mitspieler verantwortlich. Aus dieser Aufgabenverteilung ergeben sich dann zwei „Ringe" um den Angreifer: ein naher Sicherungsring mit zwei Spielern und ein weiter Sicherungsring mit drei Spielern. Man bezeichnet diese Sicherung deshalb auch als „2-3-Sicherung". Diese Formation gilt für den Angriff von den Positionen II und IV (103 a/b). Wird hingegen von der Position III aus angegriffen (103 c, d), dann wird der enge Sicherungsring mit drei Spielern gebildet. Die „2-3-Sicherung" muß aber geändert werden, wenn das Blockieren stets erfolgreich ist und die Angriffsschläge schon sehr hart sind. Dann verstärken der nähere Hinterspieler und der freie Netzspieler die nahe Sicherung, indem sich diese Spieler näher zum Angreifer hin orientieren (104).

Für die „Fernsicherung" rückt der Hinterspieler, der diagonal zu seinem angreifenden Mitspieler steht, zur besseren Raumsicherung etwas zur Spielfeldmitte (in 104 a: der Spieler auf der Position I). Bei einem Angriff von der Position III gibt es zwei Möglichkeiten zur Sicherung: die zwei Hinterspieler können beide etwas zum Netz hin vorrücken oder nur ein Hinterspieler rückt zur Nahsicherung vor, während der zweite Spieler in die Spielfeldmitte aufrückt, um dort die „Fernsicherung" zu gewährleisten.

Mit welchen Übungsformen kann das taktische Verhalten für die Sicherung des Angriffs erlernt werden?

Der Spieler auf der Position VI muß die Ballwege im eigenen Feld und im Feld des Gegners mit großer Aufmerksamkeit in Höhe der 3-m-Linie verfolgen. Dabei muß er immer bereit sein, einen vom Block zurückspringenden Ball und ein ungenaues Zuspiel seiner Mitspieler zur Position III weiterzuspielen. Deshalb sollte besonders das Verhalten auf der vorgezogenen Postion VI spielnah geübt werden. Die Aufgabenstellungen der übrigen Spieler bei der Sicherung des Angriffs können schrittweise einbezogen werden.

Übungsformen zur Angriffssicherung

141 Zweiergruppen stehen im Abstand von etwa 5 m frontal zueinander: Der abspielende Spieler folgt seinem Ball und nimmt vor dem Zwischenspiel des Partners die tiefe Sicherungsstellung ein, d. h. bei Blickkontakt zum Ball wird mit einer Hand in tiefer Hocke der Boden flüchtig berührt; während des Zwischenspiels läuft er auf seine Ausgangsposition zurück und erwartet das Zuspiel des Partners

142 zu dritt im gleichseitigen Dreieck: Der zuspielende Spieler läuft zur Sicherung und der angespielte Partner spielt je nach Können mit oder ohne Zwischenspiel zum freien Mitspieler weiter (105); Varianten: der abspielende Spieler und der freie Mitspieler bewegen sich schnell auf den angespielten Partner zu und nehmen in 2–3 m Entfernung die Sicherungsstellung ein; während der angespielte Partner zwischenspielt, laufen beide auf ihre Ausgangspositionen zurück usw.

143 zu dritt im gleichseitigen Dreieck mit zielgerichteter Finte/oberem Zuspiel auf den sichernden Spieler, der zum freien Partner abwehrt; dieser macht ein Zwischenspiel und spielt danach zu einer Dreieckspitze den Ball weiter und läuft zur Sicherung hinterher usw.

144 Netzpositionen und vorgezogene Position VI besetzen (106): die Position III spielt wechselweise ein hohes Zuspiel (Paß) auf die Außenpositionen, die den Ball im Sprung fangen; im Moment des Sprungs nimmt der Spieler auf der Position VI die Sicherungsposition in Höhe der 3-m-Linie innen vom fangenden Spieler ein; die Außenspieler werfen den Ball auf die Position III zurück (wichtig: der Spieler auf der Position VI bleibt in Höhe der 3-m-Linie immer auf Ballhöhe); Variante: zusätzlich schließt der Zuspieler zur Nahsicherung auf (103) und der zweite Angreifer nimmt die Position in der Fernsicherung ein (etwa 2 m innerhalb des Dreiecks von Angriffs- und Außenlinie). Auch in diesen Übungen gilt für alle den Angriff sichernden Spieler: Blickkontakt zum Ball und Bodenfassen in tiefer Spielstellung

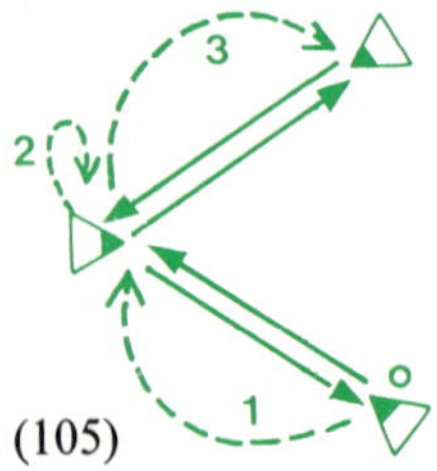

(105)

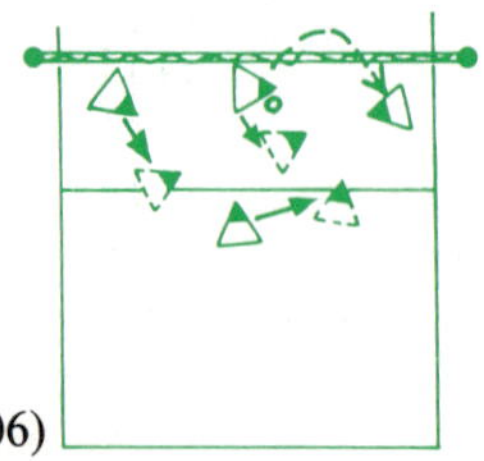

(106)

145 der Angreifer spielt im Sprung mit Angriffsfinte oder oberem Zuspiel zielgenau einen der zwei Sicherungsspieler auf der Position VI bzw. den freien Netzspieler an; von dort Abwehr auf die Position III (versuchen, den Ball ohne zu fangen aber mit evtl. mehrmaligem Zwischenspiel so unter Kontrolle zu bringen, daß er erneut hoch und weit nach außen gespielt werden kann) (107); Varianten: die beiden restlichen Spieler für das Hinterfeld hinzunehmen, dabei hat der long-line stehende Verteidiger die Aufgabe, bis in die Mitte des Hinterfeldes nahe der Außenlinie vorzurücken, während der diagonal stehende Hinterspieler bis fast in Spielfeldmitte vorrückt (mit dem freien Netzspieler ergibt sich dann ungefähr ein Halbkreis wie in Abb. 103 dargestellt). Wichtig: Sofort nach dem von den Angreifern gespielten Ball wieder die Ausgangsposition einnehmen

146 die Angreifer dürfen gezielt und nicht zu hart alle Positionen einschließlich der Position III anspielen; Zwischenspielen sollte am Anfang erlaubt sein, weil dadurch besonders den taktischen Laufwegen und dem richtigen Einnehmen der Sicherungsbereiche mehr Aufmerksamkeit geschenkt werden kann

147 Netzpositionen und Position VI besetzen; Anspiel von Position VI auf Position III mit einem hohen Zuspiel (Paß) auf eine Angriffsposition (II/IV), Angriff; Sicherung des Angriffs durch den freien Netzspieler, den Zuspieler und die vorgezogene Position VI (108); Varianten: Gegen Zweierblock; im Anschluß an ein oberes Zuspiel oder einen Zielaufschlag; alle Spielpositionen besetzen

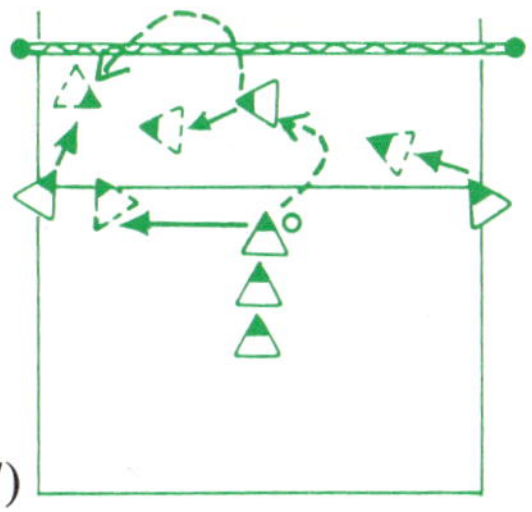

(107)

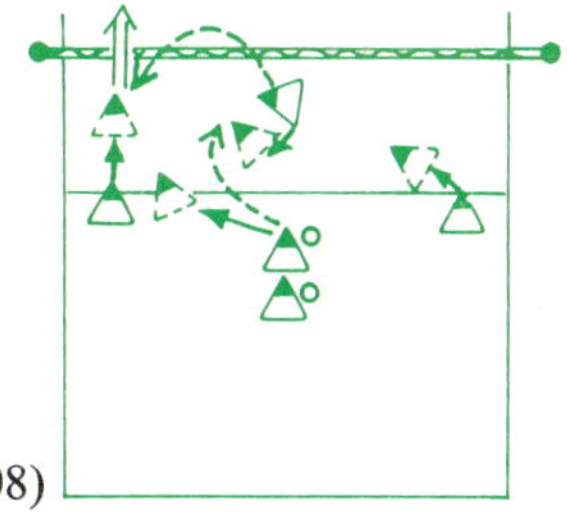

(108)

Mit welchen Übungsformen kann das taktische Verhalten bei der Blocksicherung erlernt werden?

Während die vorgezogene Position VI bei der Blocksicherung im wesentlichen darauf achten muß, in Höhe der 3-m-Linie hinter dem Block den Blockschatten zu sichern, sind die Aufgaben für die Spieler in der Feldverteidigung vielfältiger. Die genaue Einnahme der Spielpositionen für diese Spieler steht deshalb im Vordergrund taktischer Übungsformen. Auch hier kann das Lernen durch Fangen und Zwischenspielen des Balles erleichtert werden, um dann in spielnahen Übungsformen die Taktik zu verbessern.

Übungsformen

148 im gegnerischen Feld die Netzpositionen und im eigenen Feld alle sechs Spielpositionen besetzen (109 a); im gegnerischen Feld werden hohe Pässe auf die Angreifer gespielt, die diese nach Anlauf im Sprung oberhalb der Netzkante fangen. Die verteidigende Mannschaft bildet dabei einen Zweierblock (109 b); die Blocksicherung wird durch die Position VI hinter dem Block eingenommen und die übrigen Spieler bilden den zurückgezogenen Verteidigungshalbkreis: Freier Netzspieler verteidigt im Dreieck Angriffslinie/Außenlinie auf der Spielfeldaußenlinie, der long-line stehende Verteidiger etwa 1 m vor der Grundlinie nahe der Außenlinie und der diagonal stehende Verteidiger steht so weit vorne auf der Außenlinie, daß er außerhalb des Blockschattens den Angreifer sehen kann; im Augenblick des Absprungs des Angreifers zum Schmetterschlag sind alle nicht am Block beteiligten Spieler in der tiefen Spielstellung

149 Block weit außen bilden und den Angreifer innen leicht vorbeischlagen lassen und abwehren; Block nach innen stellen und Angreifer außen vorbeischlagen lassen und durch long-line Verteidiger abwehren; auch Angriffsfinte einsetzen (110 a)

150 Jeweils versuchen, den gegnerischen Angriff abzuwehren und einen eigenen Angriff aufzubauen sowie mit Angriffssicherung gegen den Block des Gegners angreifen (110 b); Varianten: im gegnerischen Feld Anspiel der zusätzlichen Position VI mit Angriff gegen Block und Angriffssicherung; zielgenaues oberes Zuspiel/Aufschlag auf die Position VI usw.

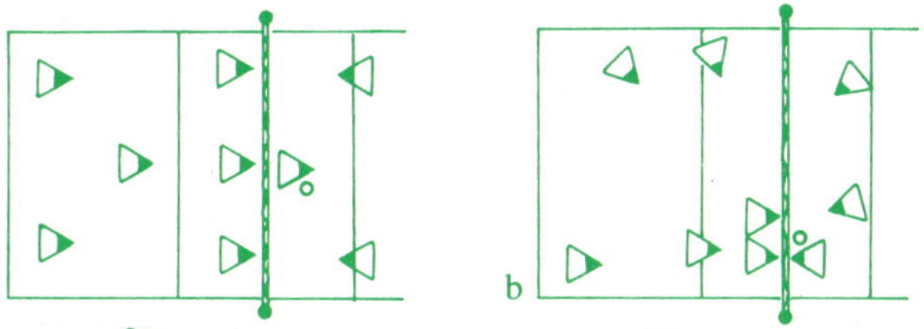

(109) a b

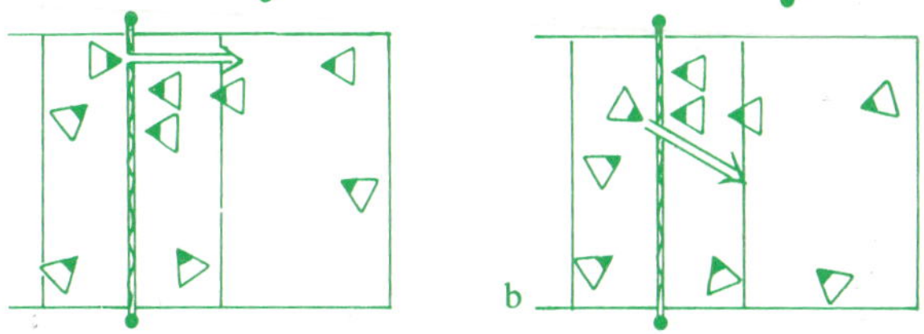

(110) a b

Wie kann man durch den taktischen Einsatz von „Stellspielern" den Angriff verstärken?

Mit steigendem Leistungsniveau zeigen Volleyballspieler unterschiedliche Neigungen und Fertigkeiten, die nicht zuletzt auf ihre Körpergröße, Sprungkraft und Gewandtheit zurückzuführen sind. Um solche unterschiedlichen Voraussetzungen der Spieler für eine Verbesserung der Mannschaftsleistung zu nutzen, ist trotz der durch das Regelwerk bedingten Rotation aller Spieler eine Spezialisierung auf ganz bestimmte Aufgaben im Spiel möglich. So benötigt z. B. eine Mannschaft zur Verbesserung ihres Angriffsaufbaus „Spezialisten", die das obere Zuspiel besonders gut beherrschen und dem angreifenden Mitspieler gute Pässe für seinen frontalen Angriffsschlag stellen. Sie benötigt aber auch solche Spieler, die besonders gut angreifen können und für die Mannschaft einen Punktgewinn erzielen bzw. das Aufschlagrecht zurückholen. Das sind die Spielerrollen des *Stellspielers* und des *Angreifers.* Ein Stellspieler muß sehr oft und fehlerfrei und auch nach längeren Laufwegen und in schwierigen Spielsituationen noch zielgenau den Ball über größere Entfernungen zu den Angreifern auf den Positionen II und IV spielen. Er muß möglichst jeden aus dem Hinterfeld nach vorne gespielten Ball optimal für die Angreifer stellen. Die Angreifer müssen möglichst jeden von dem Stellspieler gespielten Paß für einen Angriff verwerten, auch solche Zuspiele, die zu flach, zu weit oder zu kurz gespielt worden sind.

Schnelle und bewegliche Spieler, die das obere Zuspiel besonders gut beherrschen, können die Aufgaben eines Stellspielers übernehmen. Alle anderen Spieler sollten dann, wenn sie am Netz stehen, von Zuspielaufgaben entlastet werden. Sie können sich dadurch besser auf den Angriff konzentrieren. Diese Spezialisierung in Stellspieler und Angreifer ist dann vorteilhaft, wenn ein Stellspieler immer vorne am Netz steht und die Bälle zielgenau zu den beiden Angreifern weiterspielen kann. Dafür eignet sich eine Aufstellung im sog. „2:4-System".

Die zwei Stellspieler und vier Angreifer werden auf den sechs Spielpositionen so aufgestellt, daß bei jeder Rotation immer ein Zuspieler auf einer der Netzpositionen steht (II, III, IV). Wechselt nun z. B. der eine Zuspieler von der Position V auf die Netzposition IV, so rückt mit derselben Rotation der andere Zuspieler von der Position II auf die Position I zum Aufschlag (111).

Auch für die Annahme des Aufschlags ist diese Aufstellung im sog. „Fünferriegel" sinnvoll. Denn der Zuspieler wird jeweils von der Annahme des gegnerischen Aufschlages befreit und kann sich so besser auf den Spielaufbau konzentrieren. Der Spielaufbau wird dann von den Netzpositionen aus durchgeführt, auf denen der Stellspieler gemäß der Rotationsordnung jeweils steht (112).

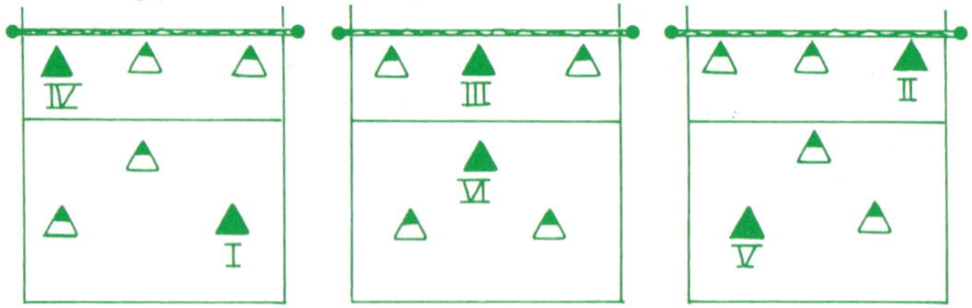

(111) Zuspieler (dunkel) und übrige Spieler im „2:4-System"

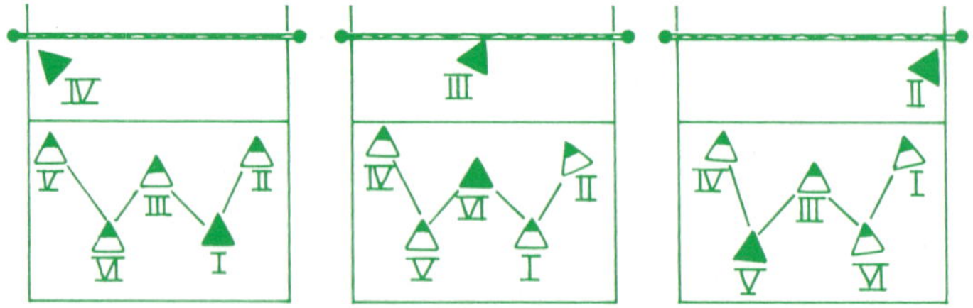

(112) Annahme durch den Fünferriegel im „2:4-System"

Wie kann ein „Läufer" die taktischen Nachteile des 2:4-Systems ausgleichen?

Im „2:4-Spielsystem" können die beiden Stellspieler nur jeweils von der Position III aus leicht ihre beiden Angreifer (Position II/IV) anspielen. Wenn ein Stellspieler nach der Rotationsordnung selbst auf einer dieser Netzpositionen steht (II oder IV), dann ist es oft sehr schwierig, den gesamten Spielraum am Netz für den Angriff zu nutzen. Denn der Paß kann oft noch nicht so weit und so genau gespielt werden, daß von der einen Netzposition zu der anderen Netzposition ein Zuspiel möglich ist. Aber auch von der Position IV aus ist ein Zuspiel für den Angreifer auf der Position III ungünstig, der Rechtshänder ist, weil er den Ball erst am Körper vorbeifliegen lassen muß, bevor er ihn schlagen kann.

Diese Nachteile können vermieden werden, wenn als weiterreichende taktische Maßnahme der Stellspieler auch als sog. „Seitenläufer" spielt. Der Stellspieler läuft dann von den Netzpositionen II oder IV jeweils nach Beginn eines Ballwechsels auf die Position III. Die Spielregeln erlauben diesen Platzwechsel innerhalb des Spielfeldes, sobald der Ball in der Luft, d. h. im Spiel ist:

„Alle Spieler mit Ausnahme des Aufschlagenden müssen sich in ihrem Spielfeld aufhalten. Die Aufstellung muß mit der … Aufschlagreihenfolge (Rotationsordnung) übereinstimmen und ist wie folgt zu verstehen:

Senkrecht zum Netz gesehen muß jeder Netzspieler vor seinem Grundspieler stehen, also Position IV vor Position V, III vor VI und II vor I. Parallel zum Netz: Position II steht rechts von Position III und die Position IV links von der Position III, bei den Grundspielern die Position V links von Position VI und die Position I rechts von Position VI …

Bis zum Ende eines Satzes muß die Rotationsordnung … unverändert beibehalten werden … Nach erfolgtem Aufschlag. Unmittelbar nachdem der Ball die Schlaghand des Aufschlagenden verlassen hat, sind die Spieler nicht mehr an ihre Plätze gebunden …

Fehler in der Rotationsordnung. Wird bei einer Mannschaft ein Fehler in der Rotationsordnung festgestellt, ist das Spiel zu unterbrechen und die richtige Aufstellung muß sofort eingenommen werden …

Zugleich wird auf Aufschlag- bzw. Punktgewinn für den Gegner erkannt …" (Regel 5).

Beim Aufschlag der eigenen Mannschaft ist es relativ einfach für den Seitenläufer, den Angriff immer über die Position III aufzubauen. Denn der „Läufer" kann von den Positionen IV oder II aus nach dem Aufschlag mit dem Angreifer auf der Position III den Platz sofort tauschen (113 a), noch bevor die gegnerische Mannschaft den Ball angenommen hat und zum Spielaufbau kommt. Aber auch beim Aufschlag des Gegners kann der Platzwechsel vorgenommen werden. Der Stellspieler wird dann aus der Ballannahme in der Feldabwehr herausgenommen und muß sich nahe der Außenlinie am Netz aufstellen. Alle anderen Spieler stellen sich im „Fünferriegel" auf. Dabei muß die Aufstellungsregel beachtet werden: Grundspieler VI hinter seinem Netzspieler III, Netzspieler II rechts neben seinem Netzspieler III. Der Spieler auf der Position III ist jetzt etwas nach außen aufgerückt. Wenn der Gegner aufgeschlagen hat, läuft der Stellspieler in die mittlere Netzposition, um von dort aus den eigenen Angriff für die beiden Netzpositionen II und IV vorzubereiten (113 b/c). Die alte Aufstellungsreihenfolge muß aber wieder eingenommen werden, wenn nach einer Spielunterbrechung der Gegner erneut aufschlägt oder die eigene Mannschaft das Aufschlagrecht zurückgewonnen hat. Eine falsche Aufstellungsreihenfolge würde zu Punktverlust bzw. Verlust des Aufschlagrechts führen.

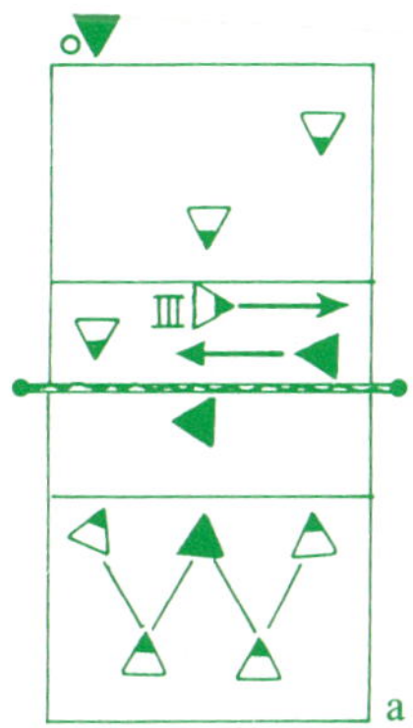

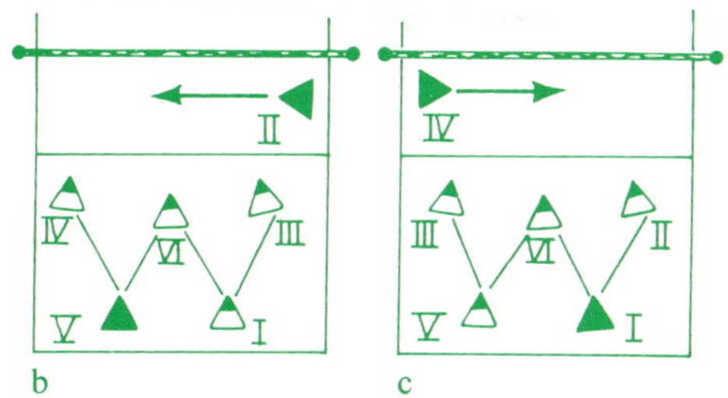

(113) der Seitenläufer bei eigenem (a) und gegnerischem Aufschlag (b und c)

Physische und psychische Leistungskomponenten und Möglichkeiten der Leistungserfassung

Welche motorischen Eigenschaften sind für den Volleyballspieler besonders wichtig, und wie können sie erfaßt werden?

Die physischen Belastungen und die Leistungsfähigkeit können recht genau mit motorischen Tests überprüft werden. Für das Volleyballspiel sind vor allem solche Tests sinnvoll, die die im Volleyballspiel vorwiegend benötigten motorischen Eigenschaften überprüfen. Dabei besitzt die allgemeine dynamische aerobe Ausdauerleistungsfähigkeit eine geringere Bedeutung.
Die verschiedenen motorischen Eigenschaften treten aber immer in enger Verbindung miteinander auf. Man spricht deshalb auch von Teilleistungskomponenten. Für das Volleyballspiel sind folgende Kombinationen von Teilleistungskomponenten besonders wichtig:

1. Kombination von Schnelligkeit und Koordination: Schnelligkeit ist die Fähigkeit des Menschen, motorische Aktionen unter gegebenen Bedingungen in einem minimalen Zeitabschnitt auszuführen. Dabei sind Reaktionszeit, Geschwindigkeit der Einzelbewegung, Bewegungsfrequenz und die Fortbewegungsgeschwindigkeit die Faktoren, die die Schnelligkeit bestimmen. Die maximal erreichbare Geschwindigkeit innerhalb eines zyklischen Bewegungsablaufes wie z. B. beim Laufen, Schwimmen, Rudern wird Grundschnelligkeit genannt. Im Volleyballspiel wird Schnelligkeit häufig in Verbindung mit Richtungsänderungen der Bewegung verlangt, z. B. bei der Ballannahme und in der Feldabwehr. Für die Koordination des Bewegungsablaufes wie z. B. beim frontalen Angriffsschlag und beim Hechtbagger ist das Zusammenwirken von Nervensystem und Skelettmuskulatur innerhalb ganz bestimmter Teilbewegungen wichtig. Für die Ausführung sind die einschlägigen physikalischen Gesetze (z. B. Trägheit beim Abstoppen), der Übungsgrad der am Gelenk streckenden und beugenden Muskeln (z. B. Oberschenkelstrecker- und -beuger) und der Adaptionszustand der Wahrnehmungsorgane (Auge, Gleichgewichtsorgan) entscheidend. Durch die Übung von Bewegungsabläufen können die Koordination und die Schnelligkeit erheblich verbessert werden. Eine Kontrolle dieser beiden motorischen Eigenschaften ermöglicht der
„Zonenlauf" über 9 – 3 – 6 – 3 – 9 m (114): Die Linien müssen jeweils mit einem Fuß berührt oder überschritten werden. Die Gesamtzeit wird gestoppt.

2. Kombination von Schnelligkeit und Flexibilität: Als Flexibilität der Gelenke bezeichnet man den willkürlich möglichen Bewegungsbereich der Gelenke. Dieser Bewegungsbereich ist vor allem bei der Feldverteidigung, Blocksicherung sowie beim Angriff (Schulter/Handgelenk) von großer Bedeutung. Leistungsbegrenzende Faktoren sind die Gelenkstruktur (vgl. z. B. den Unterschied zwischen Hüftgelenk und Schultergelenk), der Umfang der Muskelmasse, die Dehnungsfähigkeit von Muskeln und Nerven und die Festigkeit der Gelenkkapseln. Eine verbesserte Flexibilität wird schon durch wenige Dehnungsübungen nach einem Aufwärmprogramm erreicht. Als motorischer Test empfiehlt sich dafür der
„Japan-Test": 10 × 4,5 m (Mädchen 3 m) sollen in side-steps zurückgelegt werden. Die seitlichen Markierungslinien müssen dabei überlaufen und mit einer bis zur Handwurzel aufgelegten Hand von außen berührt werden. Die benötigte Zeit wird gemessen, wobei jede ausgelassene/unvollständige Berührung 0,2 Sek. Zeitzuschlag ergibt.

3. Kombination von Schnelligkeit und Gewandtheit: Man bezeichnet den Menschen als geschickt, der über eine gute Koordination der Bewegungsabläufe verfügt; er ist um so geschickter, je müheloser im Kraftaufwand und je schneller und genauer in der Ausführung die motorischen Aktionen ablaufen. Geschicklichkeit wird zur Gewandtheit, wenn sie gemäß den spielspezifischen Aufgaben eingesetzt wird, um Bewegungsabläufe technisch und motorisch zu korrigieren, zu koordinieren und der jeweiligen Spielsituation anzupassen

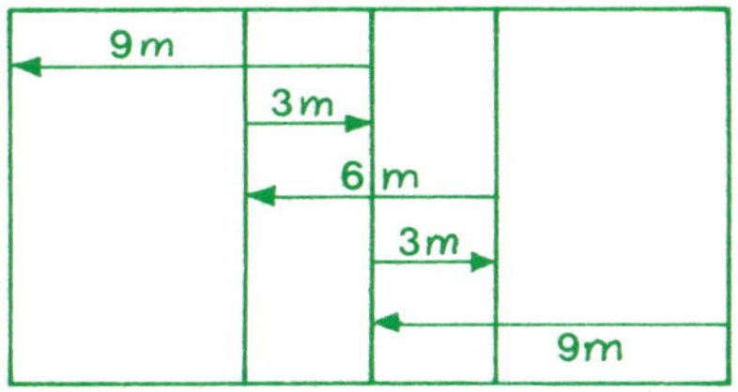

(114)

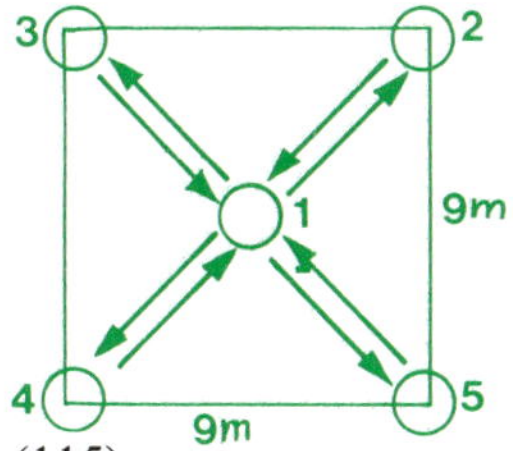

(115)

(z. B. beim Hechtbagger). Zur Überprüfung der Gewandtheit in Verbindung mit Schnelligkeit wird als motorischer Test der *„Sternlauf“* benutzt (115): Vom mittleren Medizinball aus soll jeder der vier anderen Medizinbälle nach jeweiliger Rückkehr zum mittleren Ball im Uhrzeigersinn angelaufen werden. Endpunkt ist der mittlere Ball. Jeder Ball ist mit dem Gesäß zu berühren. Es wird die Gesamtzeit gemessen, wobei jede unvollständige Berührung 0,1 Sek. Zeitzuschlag ergibt.

4. Kombination von Schnelligkeit und Kraft: Die Voraussetzung für jede Bewegung ist die Kraft. Sie hat zwei Komponenten: die „statische“ Kraft und die „dynamische“ Kraft. Die statische Kraft ist die Muskelspannung, die in einer bestimmten Position willkürlich gegen einen festen Widerstand ausgeübt wird. Die dynamische Kraft ist die Muskelkraft, die willkürlich innerhalb eines gezielten Bewegungsablaufes entfaltet werden kann. Für das Volleyballspiel ist die dynamische Kraft als Schnellkraft (dynamische Kraft pro Zeiteinheit) entscheidend. Eine spezielle Form dieser Schnellkraft ist die Sprungkraft. Sie kann überprüft und gemessen werden mit dem

„Reichhöhendifferenz-Test“: es wird einmal die Reichhöhe aus dem Sohlenstand seitwärts und ein zweites Mal mit Anlauf und Absprung wie beim frontalen Angriffsschlag gemessen (Meßleiste an der Wand oder am Basketballbrett). Die Reichhöhendifferenz ist das Maß zur Bestimmung der Sprungkraft. Auf eine andere Form der Schnellkraft, die Schnellkraft des Schlagarms, schließt man mit Hilfe des *„Medizinball-Weitwurfs:* beidarmiger Wurf mit dem Medizinball über den Kopf nach vorn aus dem Stand (Jungen 3 kg, Mädchen 2 kg) (in der Ausführung unzulässig sind unterstützendes Schwungholen aus Beinen und Körper).

Wie hoch sind die psycho-physischen Belastungen in Testverfahren zur Überprüfung der motorischen Eigenschaften, und wie hoch sind diese Belastungen im Spiel?

Die in den volleyballspezifischen Testverfahren ermittelten Ergebnisse können mit Orientierungswerten in der nachfolgenden Tabelle 6 verglichen werden:
Die Durchschnittswerte sind aber kein Maßstab, um z. B. bei einer unterdurchschnittlichen Leistung im „Reichhöhendifferenz-Test“ auf einen schlechten Volleyballspieler zu schließen oder umgekehrt bei überdurchschnittlichen Leistungen auf einen guten Volleyballspieler. Erst die Summe der für die verschiedenen motorischen Eigenschaften ermittelten Daten kann Aufschluß geben über die Spielleistung im Volleyball: unterdurchschnittliche Leistungen in allen Tests sind ein Hinweis für eine ungenügende physische Voraussetzung für ein erfolgreiches Volleyball-Spielen.
Welche Belastungen diese Tests für den Organismus bedeuten kann in etwa mit Pulsfrequenzmessungen festgestellt werden. Allerdings ist die Beanspruchung auch stark von der Motivation der Teilnehmer an solchen Tests abhängig. Bei der auf die Anforderungen des Volleyballspiels zugeschnittenen kurzen Testdauer sind die für Ausdauerleistungen typischen maximalen physischen Belastungen nicht zu erwarten. Man kann aber davon ausgehen, daß bei 16- bis 18jährigen Schülern, wenn sie die Tests mit einer hohen Leistungsbereitschaft durchführen, Herzfrequenzen im submaximalen Bereich mit

170 bis 190 Schlägen pro Minute eine maximale Belastung bedeuten. Insgesamt steigt die Herzfrequenz mit der Dauer der Testbelastung an und liegt allgemein bei Mädchen etwas höher als bei Jungen.
Bei überdurchschnittlichen Leistungen, wie sie für die einzelnen Tests in der Tabelle 6 angegeben sind, sind unmittelbar nach dem „Zonenlauf" um 180, nach dem „Japan-Test" um 185, nach dem „Sternlauf" über 190 und nach den drei „Medizinball-Weitwürfen" um 175 und im „Reichhöhendifferenz-Test" nach drei Sprüngen in ca. 15 Sekunden um 180 Herzschläge pro Minute festzustellen.
Das einfachste Verfahren zur Bestimmung der Belastungen ist die Pulsmessung, die jeder für sich durchführen kann. Dazu legt man sich unmittelbar nach der Durchführung eines Tests auf den Rücken und fühlt am Handgelenk des aufgestützten Armes den Puls. Nach 20 Sekunden muß man die gezählte Anzahl der Pulsschläge mit 3 multiplizieren und erhält so die Herzfrequenz pro Minute.
Im Spiel sind die physischen und psychischen Belastungen von den äußeren Spielbedingungen und der Spielleistung abhängig. So läßt sich z. B. nachweisen, daß beim Spiel „Ball in der Luft halten" die Anzahl der Herzschläge pro Minute (Umfang der Energiebereitstellung/psychische Belastung) und der prozentuale Anteil der Fehler (Leistungshöhe) in einem engen Zusammenhang stehen. Je weniger Fehler ein Spieler macht, desto mehr Ballaktionen führt er aus. Dabei muß er sich häufiger auf das Weiterspielen des Balles konzentrieren und auch größere Laufwege zurücklegen. Das kann dann bis zu 180 Herzschlägen pro Minute führen. Bei vielen Fehlern werden weniger Ballaktionen ausgeführt und sind kaum Laufwege festzustellen, so daß die Belastung selten mehr als 100 Herzschläge pro Minute überschreitet.
Bei dem Spielgedanken „Ball im gegnerischen Feld auf den Boden spielen" ist dagegen auf dem Normalfeld ein solcher Zusammenhang nicht mehr nachzuweisen. Das dürfte auf die häufigeren Spielunterbrechungen und die verschiedenen Anforderungen zur Lösung der Spielsituation sowie auf die andersartigen Bedingungen für den individuellen und mannschaftlichen Spielerfolg zurückzuführen sein. Denn durch die Unterscheidung von Netz- und Hinterspielern mit ihren verschiedenen Aufgabenbereichen muß z. B. der Netzspieler vor allem mehr Sprünge (Kraftaufwand) ausführen. Häufig ist auch die Anzahl der Ballberührungen pro Zeiteinheit auf den Netzpositionen höher als auf den Positionen im Hinterfeld.

Test / Leistung	Zonenlauf in sec.		Japan-Test in sec.		Sternlauf in sec.		Medizinball-Weitwurf in m		Reichhöhen-Differenz in cm	
	Jung.	Mäd.	Jung.	Mäd.	Jung.	Mäd.	Jung.	Mäd.	Jung.	Mäd.
überdurchschnittlich	<7,8	<8,6	<16,3	<14,6	<16,5	<18,4	>11,0	>8,5	>73	>48
durchschnittlich	~8,5	~9,1	~17,3	~15,5	~17,6	~19,6	~9,7	~7,5	~63	~41
unzureichend	>9,8	>10,2	>19,4	>17,3	>19,7	>22,1	<7,0	<5,7	<44	<28

Tabelle 6: Orientierungswerte zur Beurteilung motorischer Eigenschaften mit volleyballspezifischen Testverfahren

Den typischen Belastungsunterschied zwischen Netz- und Abwehrpositionen und den prozentualen Anteil verschiedener Belastungshöhen veranschaulicht Abb. 116.

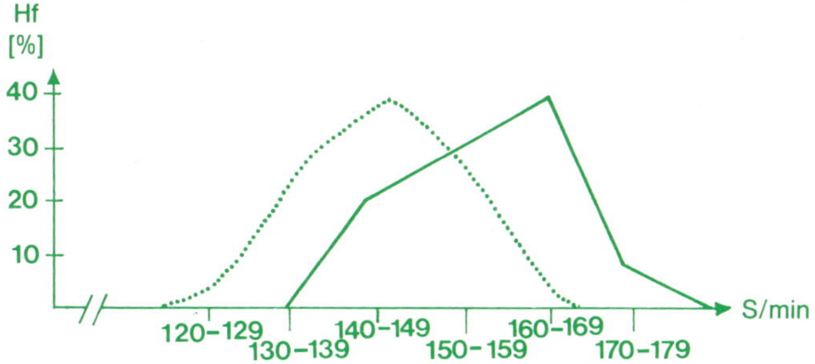

———— Netzspieler
.... Abwehrspieler

Hf in Dekaden

Hf (%) = Prozentualer Anteil von Herzfrequenzen an Gesamtherzfrequenzen pro Spiel

S/min = Herzschläge pro Minute

(116) typischer Belastungsunterschied zwischen Netz- und Abwehrspieler

Da die Belastung für den Spieler im Hinterfeld insgesamt etwas niedriger ist, sind hier auch niedrige Pulsfrequenzen zu beobachten. Allerdings darf das Spielen auf den Hinterfeldpositionen keinesfalls als eine „Erholungsphase" angesehen werden, denn gerade im Hinterfeld werden bei der Feldabwehr ca. 20% aller Spielfehler verursacht. Im Hinterfeld sind also große Aufmerksamkeit und Konzentration geboten.

Für einen 16- bis 18jährigen bedeuten durchschnittlich 150–170 Herzschläge pro Minute eine Belastung, die auf ein dynamisches Volleyballspiel schließen läßt. Allerdings kann die Herzfrequenz in solchen Situationen, die man als psychisch belastend empfindet, bis auf 200 Schläge pro Minute ansteigen und wirkt dann hemmend auf die Leistungsfähigkeit.

Welche psychischen Faktoren sind besonders wichtig, und wie beeinflussen sie die Leistung der Spieler und der Mannschaft?

Die psychischen Einflüsse können wohl beschrieben werden, doch in welchem Maß sie die Spieler- und Mannschaftsleistung beeinflussen, kann nur vermutet werden. Dabei ist es für das Volleyballspiel besonders wichtig, wie das Verhalten von Einzelspielern auf die Mannschaft wirkt und wie umgekehrt das Verhalten einer Mannschaft sich auf den einzelnen Spieler auswirkt. In erster Linie wird das Verhalten auf dem Spielfeld durch die psychische Verarbeitung von Spielsituationen gesteuert. Für die Lösung von Spielsituationen sind *Reaktionsfähigkeit* und *Reaktionsschnelligkeit* nicht nur physische, sondern auch psychische Eigenschaften, die zur Bewältigung der komplexen Wahrnehmungsbedingungen im Volleyballspiel notwendig sind: Viele Spieler agieren auf einer kleinen Spielfläche und jeder Spieler hat häufig Kontakt mit dem Ball; die Aufgaben in der Verteidigung, im Spielaufbau und im Angriff wechseln dauernd und die Schnelligkeit des anfliegenden Balles läßt oft keine Zeit, eine Aktion bewußt zu planen. Auf diese sich schnell ändernden Spielsituationen muß der Spieler psychisch angemessen reagieren, d. h., er muß unter verschiedenen Möglichkeiten stets den Ball spieltaktisch richtig und regelgerecht weiterspielen. Durch Spielerfahrung werden solche Entscheidungen erleichtert. Es entwickelt sich nämlich ein Beurteilungsraster (Lösung von mehreren Aufgaben zur gleichen Zeit), so daß Spielsituationen, mögliche Reaktionen auf diese Situationen und Folgen solcher Reaktionen besser eingeschätzt werden können (Antizipationsvermögen). Parallel dazu entwickelt der Spieler einen „automatisierten Plan" zur Lösung von Spielsituationen (Bewältigungsstrategie). Hier zeigt sich die psychische Eigenschaft *Flexibilität*, um auf neue Situationen im Spielgeschehen schnell und angemessen reagieren zu können. Flexibilität meint darüber hinaus auch das emotionale und affektive Reagieren auf die Verhaltensweisen der Mitspieler im Spiel. Sehr häufig kann man beobachten, daß bestimmte Spieler in schwierigen Spielsituationen oder nach Fehlern überlaut und/oder mit Vorwürfen auf Aktionen ihrer Mitspieler reagieren. Darunter leidet der Zusammenhalt der Mannschaft, die Konzentration auf Ball und Spielgeschehen läßt nach, und dies führt oft zu weiteren Fehlern und Mißverständnissen. Gerade unter physischen und psychischen Belastungen (Ermüdung, Streß) ist die *Konstanz des Verhaltens* eine ganz wichtige Voraussetzung für die individuelle Spielerleistung und für den Erfolg der Mannschaft. Dazu gehört die ständige Konzentration auf den Ball und das Spielgeschehen.

Um technische und taktische Fehler zu verringern, muß der Volleyballspieler auch ein hohes Maß an *„Durchsetzungsvermögen"* besitzen. Durchsetzungsvermögen meint hier nicht ein Dominieren-Wollen über einen Mitspieler. Es ist damit die spiel- und trainingsbezogene Ausführung motorischer und spieltaktischer Handlungen gemeint. So muß der Volleyballspieler auch scheinbar ausweglose Bälle in der Verteidigung noch weiterspielen wollen und im Angriff gegen stärkere Gegner auch durch körperlichen Einsatz und individuelle Taktik den Erfolg versuchen.

Dabei darf er sich nicht entmutigen lassen. Er muß eine sog. *„Frustrationstoleranz"* besitzen, um nach mehrmaligem Punktverlust hintereinander oder nach einem unglücklichen Satzverlust konzentriert weiterzuspielen. Fehlerhafte Aktionen dürfen das Selbstvertrauen und den Willen für ein erfolgreiches Spiel nicht beeinträchtigen.

„Mißerfolgsserien" führen oft zur Gleichgültigkeit und Resignation. Dies hat um so schwerwiegendere Folgen, weil beim Nachlassen der Konzentration noch mehr Fehler auftreten. Vorwürfe und Kritik der Spieler untereinander sind dann häufig festzustellen. Solange der einzelne Spieler aber Selbstkritik übt, sind nur geringe Auswirkungen auf das Mannschaftsgefüge und die Mannschaftsleistung zu erwarten. Sobald Kritik von seiten der Mitspieler laut geäußert wird, reagiert der kritisierte Mitspieler oft auf diese Vorwürfe. Solche verbalen Auseinandersetzungen während des Spiels gefährden das notwendige kooperative Zusammenspiel der gesamten Mannschaft; sie behindern die Konzentration auf das Spielgeschehen und führen nur zu weiteren Mißerfolgen. Das darf jedoch nicht dahin gehend mißverstanden werden, daß auf dem Spielfeld absolutes Schweigen herrschen soll. Vielmehr verbessern gerade aufmunternde Bemerkungen die Spielleistung.

In den sprachlichen Äußerungen auf dem Spielfeld lassen sich auch *sozialpsychologische Beziehungen* der Spieler untereinander und zum Lehrer bzw. zum Trainer erkennen. Bei Spielbeobachtungen können vor allem vier verschiedene Formen solcher sprachlicher Äußerungen unterschieden werden: positive, wenn ein Spieler gelobt wird; negative, wenn er kritisiert wird; spielbezogene Anweisungen, die sich auf den Einsatz von Technik und Taktik beziehen und schließlich emotionale Äußerungen, aus denen Freude, Sympathie, Niedergeschlagenheit u. ä. zu entnehmen sind. In hoch verlorenen Sätzen gibt es fast gleich viele negative wie positive Äußerungen. In gewonnenen Sätzen sind fast ausschließlich emotionale und positive Äußerungen zu beobachten. Insgesamt wird in gewonnenen Sätzen viel mehr gesprochen als in verlorenen Sätzen. Negative Bemerkungen nehmen mit ausbleibendem Spielerfolg zu und konzentrieren sich auf die spielerisch schwächeren und sozialpsychologisch weniger integrierten Mannschaftsmitglieder. Das muß aber vermieden werden, weil nur konstruktive Hinweise, Lob und spielbezogene Anweisungen geeignete Mittel sind, die die Leistung dieser Spieler und somit die Mannschaftsleistung verbessern. Erfolg und Mißerfolg im Volleyballspiel sind weiterhin davon abhängig, mit welcher *Motivation* der einzelne Spieler und die gesamte Mannschaft das Spiel betreiben. Leistungsmotivation ist die zusammenfassende Bezeichnung für das Bestreben eines Spielers bzw. seiner Mannschaft, die Leistung zu steigern bzw. auf einem gleichbleibend hohen Niveau zu halten. Der Gütemaßstab, mit dem beurteilt werden kann, ob die gesetzten Ziele auch erreicht worden sind, wird durch das Anspruchsniveau des einzelnen Spielers bzw. der gesamten Mannschaft bestimmt. Es gibt verschiedene Gütemaßstäbe:

- die Bewertung der individuellen Leistung durch die eigene Person (z. B. heute war ich gut; ich glaube, daß ich das besser machen könnte)
- die Bewertung der individuellen Leistung durch den Vergleich mit den Leistungen der anderen Mannschaftsmitglieder (z. B. ich bin besser als die anderen gewesen; ich möchte die anderen noch übertreffen) und
- die Leistungsbeurteilung durch andere Personen wie z. B. Mitspieler, Lehrer, Trainer usw. (z. B. ich erwarte eigentlich eine bessere Leistung von dir; heute hast du meine Leistungserwartung übertroffen).

Bei Mannschaften sind Sieg, Niederlage und der Tabellenstand ebenfalls Gütemaßstäbe.

Ein wichtiger Teil der Leistungsmotivation ist die sog. *„Erfolgserwartung“*, die ein Spieler an sich selbst stellt: manche Spieler erwarten, daß sie ständig erfolgreich sind. Man spricht dann davon, daß sie erfolgsmotiviert sind. Andere Spieler haben dagegen aufgrund ihrer bisherigen Erfahrungen häufig das Gefühl, daß ihnen leicht etwas mißlingt; sie haben Angst vor dem Mißerfolg. Man spricht dann davon, daß sie eher mißerfolgsmotiviert sind. Die Leistungsmotivation ist aber auch von bestimmten Situationen abhängig. Von besonderer Bedeutung ist dabei die Rolle des Betreuers, Lehrers oder Trainers einer Mannschaft. Er muß die Mißerfolgsmotivation von Spielern und Mannschaft möglichst gering halten und die Erfolgsmotivation steigern. Das kann er z. B. erreichen, wenn er den einzelnen Spieler oder die Mannschaft ermutigt, daß sie ein bestimmtes Ziel durchaus erreichen kann oder daß der Leistungsunterschied zum Gegner bzw. zum angestrebten Ziel nicht so groß ist oder daß er vor der Unterschätzung des Gegners (Überheblichkeit) warnt.

Die Leistungsmotivation wird vor allem dann gefördert, wenn für den Einzelspieler und die Mannschaft realistische Ziele gesetzt werden, die nicht zu hoch sind, sondern durch Anstrengung und Einsatz erreicht werden können.

Wie kann man die technische Struktur des Spiels ermitteln und auf die Spielstärke schließen?

Im Sportspiel sind die technischen und taktischen Einzelleistungen sowie die „Spielstärke“ nur schwierig voneinander zu trennen. Anhaltspunkte für die Leistungsbestimmung und für Leistungsvergleiche sind jedoch mit einfachen Verfahren zu gewinnen, wenn sich diese auf die „technische Struktur“ des Spiels beschränken.

Bei diesem Vorgehen ist davon auszugehen, daß die Dynamik eines Sportspiels sich vor allem in dem ständigen Wechsel zwischen Angriff und Verteidigung widerspiegelt. Jede Volleyballmannschaft will den eigenen Angriff wirksamer als die gegnerische Verteidigung gestalten und gleichzeitig die Abwehr mindestens so stark machen wie der gegnerische Angriff ist. Spielzüge mit weniger als vier Ballkontakten können dabei der Spielidee des Mannschaftsrückschlagspiels nicht gerecht werden. Die Dynamik des Volleyballspiels tritt gar nicht erst auf, weil der Ball höchstens einmal über das Netz zurückgespielt wird. Die Erfahrung zeigt nämlich, daß bei einer schlechten Spielleistung die Ballwechsel sehr häufig nur aus Aufschlag oder der Kombination von Aufschlag und fehlerhafter Ballannahme bestehen (1–2 Ballaktionen pro Ballwechsel). Dagegen steigen Spielstärke und Dynamik, wenn die Anzahl der Ballaktionen zunimmt und dabei auch die technischen Elemente angewendet werden, die für die Lösung der betreffenden Spielsituationen am besten geeignet sind.

Die Bestimmung der technischen Struktur eines Spiels und damit der Vergleich der Leistungen verschiedener Mannschaften ist dann möglich, wenn beobachtet wird, in welchem Umfang die technischen Elemente in Spielsituationen angewandt werden und wieviel Fehler dabei auftreten. So hat z. B. der Spieler, der nicht mit den Varianten des Angriffsschlages angreift, sondern häufiger mit einem oberen oder unteren Zuspiel den Ball nur in das gegnerische Feld zurückspielt, die spieltaktische Aufgabe des Angriffs unzureichend gelöst.

Die im Volleyballspiel gegebenen Situationen und technischen Elemente sind: Aufschlag; Annahme des Aufschlags möglichst im unteren Zuspiel; Angriffsaufbau mit den Techniken des unteren und oberen Zuspiels; Angriff durch Angriffsschlag, Finte oder auch „Notlösungen"; die Netzverteidigung durch den Block und die verschiedenen Techniken in der Feldverteidigung. Diese Spielsituationen bedingen sich gegenseitig und stellen eine Einheit dar. Das Verhältnis dieser Spielsituationen zueinander und der Vergleich, wie oft eine Technik fehlerfrei in diesen Spielsituationen angewendet wurde, erlauben Rückschlüsse auf das technische Niveau eines einzelnen Spielers und das seiner Mannschaft.

Für die Analyse genügt es, in einem Spielstenogramm die Spielsituationen zu erfassen und mit den Techniken zu beschreiben, mit denen die Situationen gelöst werden sowie zu vermerken, ob diese Techniken fehlerfrei (+) eingesetzt bzw. als Fehler abgepfiffen worden sind (–). Die nachfolgende Abb. 117 zeigt die zwischen zwei Leistungsklassen unterschiedlichen Werte für das Auftreten der verschiedenen Spielsituationen. Sie wurden auf der Basis von 20000 Situationsbeobachtungen ermittelt:

Demzufolge nimmt mit höherem Spielniveau der Anteil der fehlerhaften Spielaktionen insgesamt ab (Anzahl der Aufschläge). Auch die fehlerhaften Aufschläge und die fehlerhaften Annahmen der Aufschläge werden geringer. Damit sind die Voraussetzungen für ein dynamisches Spiel gegeben, so daß gemäß dem Spielgedanken „Ball im gegnerischen Feld auf den Boden spielen" Angriff, Feldabwehr und Block häufiger eingesetzt werden könnten. Da oberes und unteres Zuspiel auf dieser fortgeschrittenen Entwicklungsstufe prozentual weniger und ebenfalls fast fehlerfrei angewandt werden, kann nun häufiger und erfolgreicher angegriffen werden. Spielstärkere Mannschaften haben deshalb auch mehr Aktionen im Angriff und in der Netz- und Feldverteilung als schwächere Mannschaften. Damit ist aber auch ein höheres Risiko verbunden, denn der prozentuale Fehleranteil steigt z. B. beim Block von 12% auf 20% und in der Feldabwehr sogar von etwa 45% auf 60%.

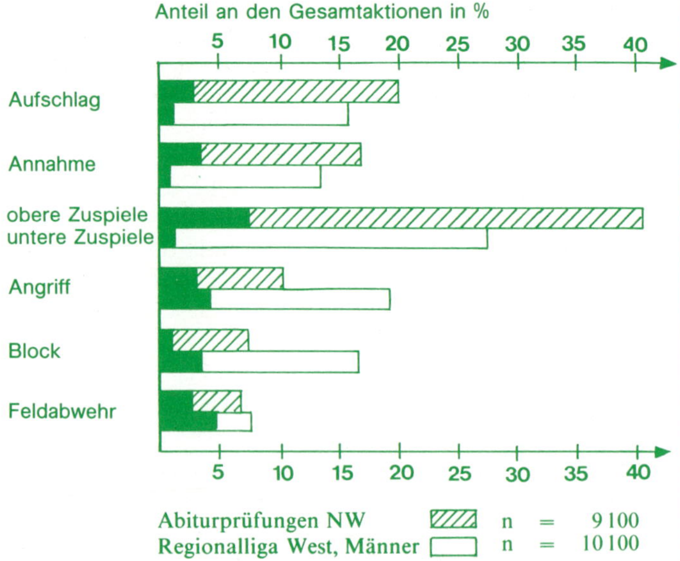

(117) Prozentualer Anteil technischer Elemente im Volleyballspiel verschiedener Leistungsklassen (dunkel unterlegt: Fehleranteil jeder Technik), n = registrierte Gesamtaktionen im Untersuchungszeitraum 1975–1978

Aufgabe: Überprüfe zu verschiedenen Zeitpunkten des Kurses die technische Struktur des Volleyballspiels. Welche Veränderungen sind aufgetreten? Worauf können die technischen Fehler und spieltaktischen Unzulänglichkeiten zurückgeführt werden? Überprüfe die technische Struktur eines anderen Kurses und/oder in einem Volleyballverein.

Wie können das technisch-taktische Niveau eines Volleyballspiels und die Leistung eines Spielers erfaßt werden?

Im Volleyballspiel kann durch die Idee des Rückschlagspiels die technisch-taktische Lösung bestimmter Spielsituationen im Gegensatz zu anderen großen Sportspielen, vgl. Fußball, Handball, Basketball oder Hockey, recht genau bestimmt werden. Durch angemessene Beobachtungsverfahren wird es möglich, Schwerpunkte für das Üben einzelner technischer Elemente, der taktischen Anforderungen und das Verbessern bestimmter komplexer Leistungsbereiche zu bestimmen. Mit Hilfe solcher Ergebnisse sind auch die Leistungen mehrerer Mannschaften relativ gut miteinander zu vergleichen, und auch die Leistungen einzelner Spieler können damit beurteilt werden. Dabei ist aber immer zu berücksichtigen, daß die Leistungen nicht isoliert zu betrachten sind, sondern im Zusammenhang mit der Forderung nach der taktischen Lösung der Spielsituation stehen: so ist z. B. ein oberes Zuspiel in das gegnerische Feld weniger effektiv als ein Angriffsschlag. Man kann dann auch nicht von der Spielsituation „Feldabwehr" sprechen, weil der gepritschte Ball im unteren Zuspiel leicht zum Angriffsaufbau weitergespielt werden kann. Von den Spielsituationen „Angriff" und „Feldabwehr" aus betrachtet werden also nicht die entsprechenden Techniken eingesetzt, sondern Techniken, die beide der Spielsituation „Angriffsaufbau" entsprechen. Taktisch nicht richtige und deshalb weniger effektive Lösungen der Spielsituation „Angriff" bedeuten dann, daß das Niveau in dieser Situation niedriger ist als bei einem Einsatz der „richtigen" Techniken. Folgende Beschreibung und Beurteilung der technisch-taktischen Lösung von Spielsituationen ist sinnvoll: „+" bedeutet jeweils „Erfolg bezogen auf die Aktion", „0" bedeutet „keinen Erfolg", sondern „Weiterspielen des Balles" und „–" bedeutet „technischer Fehler". In einer Beobachtung sind als „+" also zu werten der direkte oder mit der fehlerhaften Annahme verbundene Erfolg des Aufschlages, die zielgenaue Annahme des Aufschlages, der zielgenaue (und hohe) Angriffsaufbau, der erfolgreiche Angriff einschließlich der Fehler beim Blokkieren und in der Feldverteidigung, der direkte Erfolg des Blocks oder damit verbundene Fehler des Angreifers und die Feldabwehr einschließlich der Angriffs- und Blocksicherung, die vom Zuspieler zum Angriffsaufbau verwendet werden kann. Als „0" wird in diesem Sinne auch der Blockversuch gewertet, der taktisch nicht fehlerhaft war, aber keine Ballberührung hatte.

Für die Analyse des Spielniveaus wird ein Ballverlaufsprotokoll angefertigt, in dem alle Aktionen der beiden Mannschaften unter technisch-taktischem Aspekt mit „+", „0" oder „–" bewertet werden. Um die Leistungen von Angriff, Block und Feldabwehr genau zu erfassen, empfiehlt es sich, auch jede Netzüberquerung z. B. mit einem senkrechten Strich „|" zu notieren. Die so gewonnenen Ergebnisse können als das durchschnittliche Niveau der Mannschaft angesehen werden.

Diese Verfahren der technisch-taktischen Niveaubestimmung eines Volleyballspiels hat den Vorteil, daß es gleichzeitig/anschließend dazu verwandt werden kann, die Leistung eines einzelnen Spielers im Vergleich zum Spielniveau, anderen Spielern oder Spielen zu bestimmen. Allerdings sollte die Beobachtungszeit für das Ballverlaufsprotokoll nicht unter 20 Minuten liegen. Mit dem Ballverlaufsprotokoll vermeidet man eine Schwierigkeit bei Spielbeobachtungen, häufig viel zu wenige Aktionen für eine aussagefähige Beurteilung zu berücksichtigen. In ein Ballverlaufsprotokoll zur Bestimmung der individuellen Spielerleistung wird jeweils die betreffende Nummer bzw. der Name des Spielers aufgenommen, seine Spielposition, die technisch-taktische Lösung der Spielsituation und die Bewertung notiert. Mit Hilfe eines Tonbandes oder eines Protokollanten, der die Angaben des Beobachters aufschreibt, ist dieses Verfahren nach einer kurzen Eingewöhnungszeit und mit konzentrierter Beobachtung leicht durchzuführen. Die rechnerische Auswertung des Verlaufsprotokolls verlangt allerdings viel Zeit.

Natürlich kann die Beobachtung auch auf das taktische Verhalten, den Erfolg im Angriff oder in der Abwehr beschränkt werden. Nach dem Übertrag des Verlaufsprotokolls in einen Analysebogen (vgl. Tab. 7) kann der systematische Überblick für einen Spieler dann folgendermaßen aussehen:

Spieler Nr.	Position	taktisches Verhalten	Technik	Erfolg
7	II	+	S	+
7	I	O	A	O
7	I	+	An	O

Spieler Nr.	Position	vorgezogene Position VI	Angriffssicherung	Feldverteidigung	Erfolg in der Taktik
7	II	⁒	⁒	⁒	+
7	I	⁒	⁒	⁒	O
7	I	⁒	+	⁒	+

Tabelle 7: Beispiele für Analysebögen zur Erfassung technomotorischer Leistungen und taktischen Verhaltens

Aus einer solchen Tabelle kann nun für die technisch-taktische Lösung von bestimmten Spielsituationen und für die Gesamtleistung ein Leistungsfaktor „W" bestimmt werden. Dieser Faktor wird errechnet, indem alle spieltaktisch erfolgreichen, d. h. mit „+" beurteilten Situationen (z. B. zielgenauer Angriffsschlag oder erfolgreicher Block) mit einer 2 multipliziert und zu den nicht erfolgreichen bzw. wirkungslosen Aktionen (Aufschlag, der weitergespielt wird/ungenauer Paß/erfolgloser, aber fehlerfreier Block) addiert werden. Dieser Wert wird dann durch die Summe aller Aktionen dividiert. Der Leistungsfaktor W, der Werte zwischen 0 und 2 annehmen kann, steigt mit dem zunehmenden Niveau der Spieler- und Mannschaftsleistung.

Die ermittelten Leistungsfaktoren bieten Vergleichsmöglichkeiten für die Einordnung der eigenen Beobachtungen und

	Σ	+	O	–	W	%-Anteil an Gesamt
Aufschlag	3301	565	2254	482	1,02	
	100%	17,1	68,3	14,6		19,9
Annahme	2819	655	1602	562	1,03	
	100%	23,2	56,8	19,9		17,0
Aufbau	6426	1728	3526	1172	1,09	
	100%	26,9	54,9	18,2		38,8
Angriff	1778	557	734	487	1,04	
	100%	31,3	41,8	27,4		10,7
Block	1119	124	861	134	0,99	
	100%	11,1	76,9	12,0		6,8
Feldabwehr	1114	255	390	469	0,81	
	100%	22,9	35,0	42,1		6,7
Gesamtaktionen	16557	3884	9367	3306	1,03	
	100%	23,5	56,6	20,0		

Tabelle 8: Wirksamkeit der technisch-taktischen Lösung von Spielsituation im Volleyballspiel der SEK II (beobachtet n = 16557 Spielsituationen)

Σ = Summe der erfaßten Aktionen
\+ = erfolgreiche Spielaktionen
W = Leistungsfaktor
O = wirkungslose Aktionen
– = fehlerhafte Aktionen

Analysen der Mannschafts- und Spielerleistungen. Die Einzelleistungen spiegeln sich in der Wirksamkeit der verschiedenen Spielsituationen wider und ergeben die Gesamtspielleistung. Damit sind gleichermaßen Schwächen in den technisch-taktischen Leistungen und Spezialisierungen abzulesen, aber auch unterschiedliche Leistungen in verschiedenen Leistungsklassen miteinander zu vergleichen.

Tab. 8 gibt an, aufgrund welcher Beobachtungszahlen ein Leistungsfaktor „W" für jede Spielsituation und für die Gesamtleistung berechnet wurde. Diese Leistungsfaktoren sind als durchschnittliche Leistungen von Einzelspielern in den betreffenden Spielsituationen anzusehen. Da diese Daten aus Beobachtungen von Kurs-Mannschaften stammen, können sie auch nur als Durchschnittswerte für Kurs-Mannschaften in der gymnasialen Oberstufe gelten. Tab. 9 enthält darüber hinaus die Leistungsfaktoren für unterschiedliche Leistungsstärken und gibt Vergleichswerte für die Lösungen technisch-taktischer Spielsituationen aus dem Vereinsvolleyball an.

	schulische Kurse			Meisterschaftsspiele
	über	durchschnittlich	unter-	
Aufschlag	1,12	1,02	0,92	0,99
Annahme	1,24	1,03	0,82	1,60
Aufbau	1,28	1,09	0,90	1,65
Angriff	1,24	1,04	0,84	1,22
Block	1,06	0,99	0,82	0,98
Feldabwehr	0,99	0,81	0,63	0,56
Spielleistung	1,12	1,03	0,94	1,25

Tabelle 9: Orientierungswerte zu technisch-taktischen Leistungen im schulischen Volleyball (Vergleichsdaten aus der Regionalliga West, Männer, Erhebungszeitraum 1975–1978)

Aufgaben: Analysiere die spieltechnischen und spieltaktischen Leistungen eines Spielers bzw. das Spielniveau einer Mannschaft. Überprüfe den „richtigen" Einsatz von Volleyballtechniken in ausgewählten Spielsituationen (z. B. Angriff – Angriffsschlag, Zuspiel auf die Position II/IV – Pritschen).

Welche physiologischen Veränderungen müssen vor Beginn einer sportmotorischen Belastung bzw. nach einer etwas längeren Unterbrechung realisiert werden?

Erst wenn der Sportler über entwickelte sogenannte motorische Eigenschaften verfügt, das sind Beweglichkeit, Koordination, Kraft, Schnelligkeit und Ausdauer, ist ihm auch eine zielgerichtete sportartspezifische Bewegung möglich. Um diese Bewegungen leichter ausführen und vor allem optimieren zu können, muß jede sportliche Betätigung durch ein „Aufwärmprogramm" vorbereitet werden. Angebracht für Volleyballspieler sind Abwandlungen der zu Beginn dieses Kapitels beschriebenen motorischen Tests. Ein solches Aufwärmen mobilisiert den gesamten Körper durch Erhöhung der Körper-Kerntemperatur auf den günstigen Bereich von etwa 39 °C, erhöht die Nervenleitgeschwindigkeit, verbessert das Zusammenspiel von Nerven und Muskeln und verringert die Verletzungsanfälligkeit. Neben der verstärkten Atmungstätigkeit steigt das Herzminutenvolumen, und es kommt zu einer Zunahme der Muskeldurchblutung, weil die Gesamtblutmenge verstärkt auf die Muskulatur verteilt wird.

Essen und Trinken unmittelbar vor sportlichen Beanspruchungen verhindern diese stärkere Verteilung der Blutmenge auf die Muskulatur und behindern dadurch die Mobilisierung der Leistungsfähigkeit erheblich.

Nach mehr als 20minütiger Pause ist auch ein zuvor durchgeführtes intensives Aufwärmtraining nicht mehr wirksam, insbesondere bei niedrigen Außentemperaturen und bei der üblichen Sportkleidung. Daran sollte man vor allem denken, wenn das sportliche Üben unterbrochen wird, um Sachverhalte theoretisch aufzuarbeiten.

Leiten und Organisieren von Volleyballspielen

Welche Spielbedingungen sind für die Leitung eines Volleyballspiels zu gewährleisten, und welche Schiedsrichter-Handzeichen sind für die Leitung eines Spiels unbedingt notwendig?

Für den geregelten Ablauf eines Volleyballspiels sind einige äußere Spielbedingungen einzuhalten. So beträgt im offiziellen Wettspiel z. B. die Spielerzahl pro Mannschaft sechs Spieler und höchstens sechs weitere Auswechselspieler. Das Spielfeld ist insgesamt 18 m lang und 9 m breit. Die Spieldauer ist zeitlich nicht begrenzt. Die Mannschaft hat das Spiel gewonnen, die zuerst drei Sätze gewonnen hat. Es gibt maximal fünf Spielsätze. Ein Satz hat 15 Punkte. Falls die gegnerische Mannschaft schon 14 Punkte besitzt, muß so lange weitergespielt werden, bis eine Mannschaft mehr als zwei Punkte Vorsprung hat.

„Den Altersklassen und dem Geschlecht der Spieler entsprechend muß das Netz verschieden hoch gestellt werden können. Die nachfolgend bezeichneten Höhen werden in der Mitte des Feldes bis zur Netzoberkante gemessen.“ (Regel 2)

„Das Netz ist 1 m hoch und 9,50 m lang. Seine Maschen bilden Quadrate von 10 × 10 cm und müssen senkrecht hängen. Die Netzoberkante wird von einem 5 cm breiten, doppelt gelegten weißen Leinenstreifen gebildet, ... Zwei 5 cm breite und 1 m lange verschiebbare Streifen aus weißem Leinen begrenzen die Spielfeldbreite des Netzes. Sie müssen sich senkrecht über den Schnittpunkten der Seitenlinien mit der Mittellinie befinden.“ (Regel 2)

Klasse	Netzhöhe	Klasse	Netzhöhe
Schüler	2,24 m	Schülerinnen	2,15 m
Männl. Jugend B	2,35 m	Weibl. Jugend B	2,20 m
Männl. Jugend A	2,43 m	Weibl. Jugend A	2,24 m
Männer	2,43 m	Frauen	2,24 m

Tabelle 10: Altersklassen und Netzhöhen

Im Vereinssport werden Meisterschaftsspiele von einem 1. und 2. Schiedsrichter geleitet. Zwei Linienrichter unterstützen die beiden Schiedsrichter. Sie zeigen an, ob ein Ball noch innerhalb oder schon außerhalb des Spielfeldes den Boden berührt hat. Weiterhin gehört ein Anschreiber zur Spielleitung. Der Anschreiber notiert in einem Spielberichtsbogen vor jedem Satzbeginn die Aufstellungsreihenfolge der Spieler auf den Spielpositionen und trägt die Aufgabewechsel mit dem jeweiligen Spielstand ein. Der 2. Schiedsrichter achtet vor allem darauf, ob ein Spieler das Netz berührt oder die Mittellinie übertreten hat. Er zeigt dies dem 1. Schiedsrichter an. Der 2. Schiedsrichter steht dem 1. Schiedsrichter auf der Seitenlinie am Netz gegenüber. Der 1. Schiedsrichter leitet das Spiel. Er hat besonders auf die regelgerechte technische und taktische Einhaltung der Spielaktionen zu achten. Mit Hilfe von *Handzeichen* kann er den Spielern anzeigen, welche technischen Fehler er abgepfiffen hat und welche anderen Verstöße gegen das Regelwerk zur Spielunterbrechung geführt haben.

Handzeichen	Bezeichnung	Ausführung
	Aufschlagwechsel oder Punktgewinn	Bewegung in Richtung der Mannschaft, die den Aufschlag durchführen muß
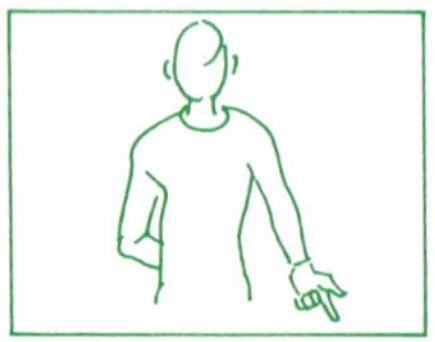	der Ball fällt in das Spielfeld „INNERHALB“	mit der Hand und den Fingern nach unten zeigen

Handzeichen	Bezeichnung	Ausführung
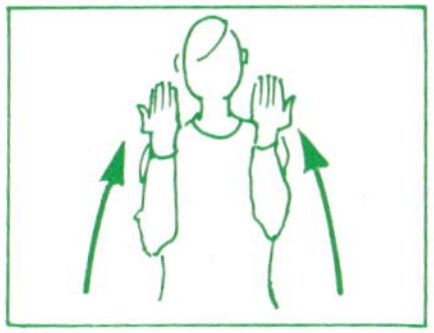	der Ball ist „AUS“ – außerhalb der Antennen, des Feldes oder der Seitenmarkierung – er berührt die Antennen	Unterarme senkrecht heben (mit geöffneten Händen, Handflächen nach außen)
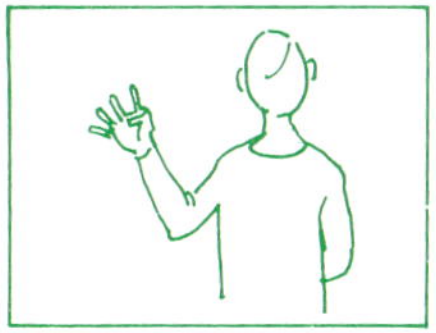	der Ball wird viermal von der gleichen Mannschaft berührt	vier Finger heben
	– Übertreten der Mittellinie – Berühren des Balles/Gegenspielers im gegnerischen Feld nach Passieren der Mittellinie	auf Mittellinie zeigen; Bewegung in Richtung der Mannschaft mit Aufschlag ausführen; Spieler bezeichnen, der Fehler begangen hat
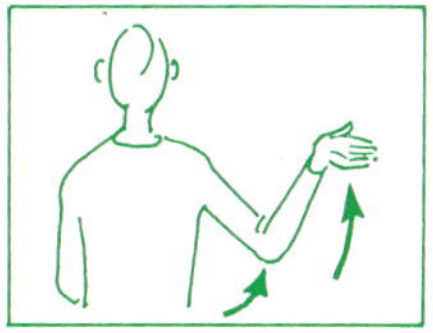	– gehaltener, – geführter, – getragener, – gehobener, – gestoßener Ball	langsam eine Hand mit nach oben offener Handfläche heben
	– Ball wurde 2 × hintereinander vom selben Spieler geschlagen – Doppelschlag oder Rollen des Balles	zwei Finger senkrecht heben

Handzeichen	Bezeichnung	Ausführung
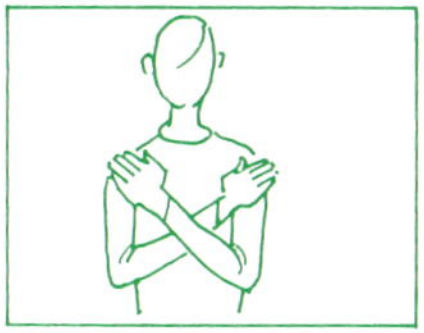	Satzende	Unterarme vor der Brust kreuzen
	„AUSZEIT“	mit den Händen ein T bilden, dann mit der Hand die Mannschaft zeigen, die die Auszeit beantragt hat
	„SPIELER-WECHSEL“	mit einer Hand um die andere kreisen
	– Ball hat beim Aufschlag das Netz berührt – ein Spieler hat das Netz berührt	– mit der Hand das Netz berühren – mit der Hand das Netz berühren und den Spieler bezeichnen
	– ein Grundspieler hat am Block teilgenommen – Sichtblock	beide Arme nach oben führen und den (die) betreffenden Spieler bezeichnen

Handzeichen	**Bezeichnung**	**Ausführung**
	– Aufstellungsfehler im Moment des Aufschlags – Aufschlag wurde nicht in der richtigen Rotationsordnung ausgeführt	mit der Hand einen Kreis beschreiben und den (die) betreffenden Spieler bezeichnen
	– Ball wurde im Feld des Gegners geschlagen – irregulärer Block	mit der Hand über das Netz greifen und den betreffenden Spieler bezeichnen

Welche organisatorischen Maßnahmen sind bei der Durchführung von Volleyball-Turnieren zu beachten?

Wie kaum ein anderes Sportspiel eignet sich das Volleyballspiel zu Vergleichsspielen und Turnieren. Denn man kann sowohl nach der Spielidee „Ball in der Luft halten" als auch nach der Spielidee „Ball im gegnerischen Feld auf den Boden spielen" ein Wettspiel durchführen. Damit ist immer eine Angleichung an die Bedürfnisse und das Leistungsvermögen der Spieler im technischen und taktischen Anforderungsbereich möglich. Die Regeln für die Ballberührung sollten aber nicht geändert werden. Jedoch sind Regeländerungen für äußere Spielbedingungen wie Spielziel, Netzhöhe, Spielfeldmaße, Spielerzahl, Satz- oder Zeitspiele und Beschränkungen auf den Einsatz bestimmter Techniken sinnvoll. Natürlich sollten auch Turniere unter den internationalen Wettkampfbedingungen durchgeführt werden.

Bei einer geringeren Spielerzahl oder größeren Hallenfläche, auf der Wiese oder am Strand können die Bestimmungen für die Spielfeldgröße und die Netzhöhe den jeweiligen Spielbedingungen angepaßt werden. Ebenso ist das Spielen mit gemischten Mannschaften und zwischen Mannschaften mit verschiedenen Spielerzahlen möglich und kann auch unter solchen Voraussetzungen in Turnierform organisiert werden. Wie das Normalfeld verändert werden kann und welche Organisationsformen sich auch für Volleyballturniere eignen, ist den Abb. 27 und 28 zu entnehmen (vgl. dazu S. 28).

Für ein Volleyballspiel gibt es keine festgelegte Spielzeit. Andererseits gibt es Belegzeiten für Sporthallen, die eingehalten werden müssen. So ist es z. B. sehr schwierig, die Spieldauer für ein Volleyballturnier genau vorauszuplanen. Deshalb sind Zeitspiele sinnvoll. Die Spielzeit sollte aber mindestens 7 Minuten für „Ball in der Luft halten" und 15 Minuten für „Ball im gegnerischen Feld auf den Boden spielen" betragen.

In einem Volleyballturnier spielt meist jede Mannschaft gegen jede. Bei sehr vielen Teilnehmern und besonders dann, wenn die Zeit für die Hallenbenutzung begrenzt ist, sollten Turniergruppen gebildet werden. Steht ein langer Nachmittag für ein Turnier zur Verfügung oder kann ein Turnier auf mehrere Tage verteilt angesetzt werden, dann kann nach Gewinnsätzen (z. B. zwei Gewinnsätze) mit 15 Gewinnpunkten pro Satz gespielt werden. Bei einem Turnierspiel mit zwei Gewinnsätzen sollten durchschnittlich 30 Minuten pro Spiel eingeplant werden. Die Anzahl der Spielpaarungen ist für ein Turnier über die Formel $\frac{n(n-1)}{2}$ zu ermitteln. Bei einer Aufteilung in zwei oder mehrere Spielgruppen müssen mindestens die nachfolgenden Spiele der Gruppensieger bei der Erstellung des Zeitplans berücksichtigt werden. Ein Zeitplan darf nicht zu knapp bemessen werden. Neben der Spielzeit für die einzelnen Spiele müssen das Auf- und Abbauen der Netzanlage, die Mannschafts- und Spielfeldwechsel während des Turniers, das Aufwärmen und Einspielen und das Umziehen bei der Zeitplanung berücksichtigt werden.

Literatur

Das nachfolgende Verzeichnis enthält diejenige Literatur, die nach Meinung der Autoren den Erfordernissen des Unterrichts in der Sekundarstufe II am besten gerecht wird. Dabei wurden jene Bücher mit einem * gekennzeichnet, die bei der Ausarbeitung des vorliegenden Bandes wesentliche Hilfe geleistet haben. G. Westphal stellte fotographische Vorlagen für die Kinegramme der Abb. 1, 4, 41 und 92 zur Verfügung.
Das Literaturverzeichnis ist unter systematischen Gesichtspunkten in die Bereiche „Übungsformen/Training/Taktik", „Didaktik / Methodik / Erfolgskontrolle / Sportartspezifische Theorie" und „Zeitschriften" eingeteilt. Diejenige Literatur, die für die Bereiche I und II gleichzeitig Verwendung finden kann, ist einmal vollständig bibliographisch verzeichnet; die zweite Nennung enthält den Autorennamen sowie den Titel in gekürzter Form.

I. Übungsformen/Training/Taktik

Andresen, R. (Red.): Volleyball. Berlin[2] 1977.
Beutelstahl, D./Drauschke, K./Drauschke, R./Utz, M.: Volleyball Fachdidaktik. Eigenverlag 1975.
Blossfeld, E.: Volleyball – 333 Praktische Übungen. Frankfurt [4]1977.
Blume, G.: Volleyball. Reinbek 1977.
Brettschneider W.-D./Westphal, G. u. U.: Das Volleyballspiel. Ahrensburg [2]1978*.
Dürrwächter, G.: Volleyball – spielnah trainieren. Schorndorf [3]1978.
Fiedler, M. (Red.): Volleyball. Berlin (Ost) [5]1978.
Fröhner, B./Radde, K./Döhring, F.: Volleyball. Berlin (Ost) [2]1976.
Konzag. G.: Übungsformen für die Sportspiele. Berlin (Ost) [2]1975.

II. Didaktik/Methodik/Erfolgskontrolle/ Sportartspezifische Theorie

Andresen: Volleyball.
Andresen, R./Hagedorn, G. (Hrsg.): Zur Sportspiel-Forschung. Berlin 1976.
Begov, F./Bergner, K./Sprenger, J./Zöllner, H.: Volleyball. Spielen-Lernen; in: Dietrich, K./Landau, G. (Hrsg.): Beiträge zur Didaktik der Sportspiele. Teil III: Sportspiele im Unterricht. Schorndorf 1977, S. 65–80.
Beutelstahl u. a.: Volleyball Fachdidaktik.
Brettschneider/Westphal: Volleyball.
Czwalina, C.: Systematische Spielerbeobachtung in den Sportspielen, Schorndorf 1976.
Deutscher Volleyball-Verband (Hrsg.): Internationale Volleyball Spielregeln. Schorndorf Ausgabe 1979.
Dietrich, K./Dürrwächter, G./Schaller, H.-J.: Die Großen Spiele. Wuppertal [2]1976.
Fiedler: Volleyball.
Fröhner/Radde/Döhring: Volleyball.
Hartmann, H.: Untersuchungen zur Lernplanung und Lernkontrolle in den Sportspielen, Schorndorf [2]1977.
Herzog, K.: Volleyball. Bewegungsabläufe in Bildern. Dülmen 1975*.
Kleine-Tebbe, M.: Unterschiedliche didaktische Ansätze in der Spielerziehung und ihre methodischen Konsequenzen – dargestellt am Beispiel der Einführung des Volleyballspiels. in: Dietrich/Landau. Beiträge zur Didaktik. III, S. 27–37.
Kobrle, J./Neuberg, E.: Taktik des Volleyballspiels. Schorndorf 1977.
Medler, M.: Hinführung zum Volleyballspiel im 5./6. Schuljahr, Neumünster 1977.

III. Zeitschriften

Deutsche Volleyball-Zeitschrift. Philippka Verlag Münster.
Leistungssport. Bartels & Wernitz Berlin.
Volleyball. Jahn Verlag Soest.

Register